Karin Lakics

Was es ist

Der Weg zum Mee(h)r

www.tredition.de

© 2017 Karin Lakics

Verlag und Druck: tredition GmbH, Grindelallee 188, 20144 Hamburg
Lektorat: Karin Leherbauer

ISBN
Paperback: 978-3-7439-7764-8
Hardcover: 978-3-7439-7765-5
e-Book: 978-3-7439-7766-2

Inhaltsangabe

Widmung

Für all' die wunderbaren Menschen, die mir geholfen haben durch ihre Unterstützung, ihre Zweifel und ihr Dasein und Nicht-Dasein, meinen Weg zu gehen. Der Mensch zu werden, der ich heute bin.

Die Spiegel im Außen, die dein Innerstes reflektieren, auch wenn sie selbst gewählt sind!

Danke Euch allen, dass ihr die Rollen angenommen habt! Ich bin in mir angekommen und habe mein Mee(h)r gefunden. Daraus ergibt sich ein neuer Weg, eine neue Welle, die es zu surfen gilt. Alles ist Schwingung und alles ist Bewegung. So wie das Meer. Alles ist mit allem verbunden. Stillstand ist der Tod und auch das ist in dem Moment bloß eine Zäsur für eine neue Schwingung, eine neue Form.

Über dieses Buch

Warum das alles? Warum wollte ich jetzt auf einmal schreiben und dann am besten gleich einen Bestseller, doch bitteschön worüber? ‚Schreib‘ einfach mal drauf los, dann entsteht schon etwas . . .‘, der Rat eines guten Freundes.

Ich nehme mir damit einfach heraus, schreiben zu können. Ich bin ein Mensch, der sich selbst und das, was um ihn herum passiert wahrnimmt, hinterfragt, überdenkt und nach getroffener Entscheidung das eigene Tun verändert. Das ist mein Beitrag für diese Welt.

Einige Menschen um mich herum meinten: ‚Und genau das schreibe auf. So wie du Geschichten erzählen kannst, unterhältst du die Menschen und ganz nebenbei erzählst du ihnen dadurch etwas, das ihnen in ihrem Leben vielleicht weiterhelfen kann.

Aber das erklärt noch nicht, warum ich auf einmal oder endlich, ohne große Vorkenntnisse, zu schreiben beginnen wollte – jetzt mit 44 Jahren. Ja eh, Mut tut gut und Größenwahn ist kurzfristig als Startschuss wunderbar.

Ganz ehrlich: schreiben wollte ich immer schon. Mein ursprünglicher Studienwunsch, nachdem ich mich an die Schauspielerei nicht herangewagt hatte, war Theaterwissenschaften und Publizistik. Doch dazu kam es nie. Warum nicht, dazu mehr in dieser Geschichte.

Ich habe schon immer geschrieben: Reisetagebücher, Gedichte – für mich oder für meine Liebsten.

Vor vielen Jahren hatte ich schon einmal so einen Anflug, nach meiner Weltreise 2003. Da begann ich einen Familienroman über den Pavani-Clan – diese Geschichte habe ich begonnen und sie ist bis jetzt unvollendet.

Dann war die Idee da, eine Kindergeschichte zu schreiben, die wartet auf irgendeinem alten Computer auf ihre Überarbeitung, fertiggeschrieben und illustriert zu werden.

Bei den Hörbüchern mit Caroline Hofer hat sie die Texte verfasst. Wir haben die Texte gemeinsam gesprochen, die Sounds kamen von Jens Döring und die Fotos von mir.

Und ja okay, ich habe gemeinsam mit Katharina Saminger ein Pilatesbuch geschrieben und den Text für meine Pilates-DVD. Doch das Handwerk ‚Schreiben' habe ich nie erlernt und einfach so eine Geschichte zu schreiben, dazu haben mir bis jetzt der Mut, das Durchhaltevermögen, die richtige Geschichte, die Zeit und die richtigen Menschen, die mich dabei unterstützen, gefehlt.

Diese Voraussetzungen sind jetzt alle gegeben, das ist der Status quo. Jetzt ist der richtige Zeitpunkt!

Wenn man einmal eine innere Entscheidung getroffen hat, aus tiefstem Herzen und Überzeugung – einfach, weil man an sich glaubt – sich zutraut, es einfach zu tun, dann schaffen sich um dich ganz automatisch wie durch Zauberhand die Rahmenbedingungen, die du für deine Umsetzung benötigst. Es geht dabei in keiner Weise um Erfolg oder Scheitern. Du spürst einfach, dass etwas aus dir heraus will – geboren werden möchte.

Aus diesem inneren Entschluss hatte es sich, meiner Meinung nach, ergeben, dass ich mir im Juli 2016 für zwei Wochen alleine ein Haus in der Toskana gemietet hatte. Einerseits um mit mir zu sein und eben, um endlich zu schreiben. Das hat ganz gut funktioniert, den Bann zu brechen und einfach mal irgendwo zu beginnen, ohne Plan.

Einen Schreibrhythmus zu finden war anfangs nur durch Disziplin möglich. Ich schrieb zwischen zwei und fünf Stunden jeden zweiten Tag, die übrigen Tage machte ich Schreibpausen, hatte aber immer ein Notizbuch für Einfälle oder Umformulierungen dabei. Egel wo ich gerade war, ob am Strand, in einer mittelalterlichen Stadt oder in der Hängematte, wahlweise an zwei Olivenbäume oder zwei Pinien gebunden.

In der ersten Woche war der Schreibtag noch Überwindung und in der zweiten Woche fruchtete das Durchhalten der Vorwoche und die Freude zu schreiben tat einfach gut. Es wurden zwölf A4-Seiten, die in diese Geschichte einfließen und die Grundidee dieses Buches sind.

Warum wollte ich gerade in der Toskana mit dem Schreiben beginnen, genauer gesagt in der Maremma? Die Auflösung folgt ebenso in der Geschichte.

Bevor ich dort war, wusste ich aus irgendeinem Gefühl heraus, dass an diesem Ort etwas auf mich wartet und deshalb zog es mich dorthin. Mehr wusste ich nicht.

Warum ich mir ein Haus am Meer mietete, dieser Grund ist einfach erklärt: Ich wollte schon immer am Meer leben und bin in vielen Gegenden an Meeren gewesen, um die Kombination aus Landschaft und Meer zu finden, die mir bei meiner Ankunft gemeinsam zurufen: ‚Schön, dass du endlich da bist – wir habe dich schon erwartet. ' Die mir dann sagen: ‚Setz' dich zu uns und genieße dich und damit die Welt.'

Und bei mir das Gefühl aufkommt ‚ah – angekommen!' Einfach durch das Dortsein und mit mir sein, fühle ich mich zu Hause und geerdet.

Das Buch beschreibt diesen Weg in mein ganz persönliches Glück und der Erfüllung eines Traumes: Mein Haus in der Maremma und der Blick auf's Mee(h)r!

1. Kapitel - *Wasser*

Der Beginn eines Traumes

oder die Liebe zum Wasser an sich und zum Mee(h)r im Speziellen

Als Zweijährige tauchte ich immerzu mit offenen Augen im Chlorwasser des Strandbades Baden, obwohl ich noch nicht schwimmen konnte.

Jetzt als Erwachsene sage ich, ich wollte das Wasser schon damals nicht nur über seine Oberfläche wahrnehmen, sondern tief eintauchen in dieses Element, um mich auf diese Weise damit zu verbinden. Das war so beglückend und im Positiven berauschend. Es war so unglaublich leicht sich unter Wasser zu bewegen, mit dem Wasser zu schwimmen war damals für mich Geborgenheit, Leichtigkeit, Grenzenlosigkeit und Unbeschwertheit. Es gab keine Regeln, außer die des Luftholens und das konnte minimiert werden.

Ich glaube dieser Wunsch des Eintauchens sagt überhaupt sehr viel über mich aus. Heute noch möchte ich eine Situation, eine Begegnung, einen Sonnenuntergang in seiner ganzen Tiefe und Einzigartigkeit spüren und mit allen Sinnen wahrnehmen.

Für meine Mutter machte damals diese Form des ‚Sichverbindens' vor allem Angst. Logischerweise hatte sie Angst, dass sich ihr Sonnenschein, ihr lebensfroher Wirbelwind – kaum auf der Welt– gleich wieder verabschiedet und schlicht und ergreifend ertrinkt! Sehr verständlich aus ihrer Sicht, aus meiner ganz und gar nicht. Mich störten diese Unterbrechungen meines unbeschwerten Glückserlebnisses! Wofür brauche ich bitte Schwimmflügerl, damit kann man ja nicht tauchen!

Meine Mutter, von Natur aus praktisch veranlagt, heute würde man lösungsorientiert sagen, steckte mich gleich einmal in einen Schwimmkurs eines Bekannten der Familie. Da ich mit Abstand die jüngste

Teilnehmerin war, offiziell zu jung für einen Schwimmkurs, war ich von Anfang an das Küken und der ‚Augenstern' des Schwimmlehrers. Diese Freude, am und im Wasser zu sein und dabei keinerlei Angst vor dem kühlen Nass zu empfinden, erfreute und faszinierte ihn gleichermaßen. Ich war wild und ungestüm und er lenkte meine Faszination liebevoll in Schwimmbahnen. Er lehrte mich zwar das Schwimmen, doch wenn wir nicht übten, dann tauchte ich weiterhin die ganze Zeit. Eben ein Fisch im Wasser!

Doch er hatte Vertrauen zu mir und wusste, dass mir nichts passieren würde. Wer in seinem Element ist, dem kann einfach nichts passieren.

Dadurch, dass ich jetzt offiziell schwimmen konnte, hatte ich quasi den Freibrief bei meiner Mutter.

So gesehen ist das ein gutes Prinzip, wenn ich jetzt darüber nachdenke. Ich lerne für mich etwas Neues, etwas, das mir in Zukunft helfen wird, weil es die künstlich erstellte Struktur des Zusammenle-

bens verlangt, erwartet oder einem vorschlägt, um mitspielen zu können. Ich denke und fühle mich ein, lerne und verbinde das Ganze mit meiner eigenen universellen Wahrnehmung, wäge ab und lebe dann schlussendlich die Form, die für mich am stimmigsten ist aus meiner persönlichen Überzeugung heraus.

Damit verbiege ich mich nicht für andere, kann an der Gesellschaft und ihren Vorgaben teilhaben, in dem Maße, wie es mir guttut. Wie viel das dann ist, liegt in meinem persönlichen Ermessen. Das entscheide ich immer wieder aufs Neue. Damit bin ich in der Liebe zu mir selbst und gleichzeitig in der Liebe mit anderen. Diese Freiheit nehm' ich mir!

Eine Institution: das Strandbad in Baden

Das Strandbad aus der Jahrhundertwende war im Sommer, ist es wahrscheinlich heute noch, das verlängerte Wohnzimmer der meisten Badener Fami-

lien und damals auch für viele einziges Urlaubsdo-
mizil. Sätze wie, ,Ins Strandbad gehen' oder ,Treff'
ma uns eh im Strandbad' waren quasi ,Codes', die
von Generation zu Generation weiter-gegeben wurden.

Am Morgen, wenn noch alles ruhig war, konnte man
entspannt seine Bahnen im Sportschwimmbecken
ziehen. Danach ein einfaches Frühstück inmitten
eines mediterranen Flairs durch die Architektur des
Bades und verstärkt durch Palmen und das Grün
des Helenentals im Hintergrund mit vereinzelten
Schirmföhren. Baden ist auf einem ehemaligen
Meeresboden erbaut und die Hügel des Wienerwal-
des waren die Küsten. Diese Energie spürt man bis
heute.

Das Wort ,Strandbad' bezieht sich auf den Strand,
der damals aus echtem Sand von der Adria be-
stand. Dieser wurde in zwei große, ich schätze
20x10 Meter betonierte Vierecke links und rechts
vom Hauptweg gefüllt. Ein Paradies für Kinder! Dahinter lagen zuerst die Schwefelbecken, in denen

man stehen konnte und danach die zwei gechlorten Schwimmbecken mit dem Sprungturm.

Unzählige Badener verbrachten auch ihre Mittagspause, die damals bei Geschäften bis zu vier Stunden betrug, im Bad. Sie kamen auf eine kurze Abkühlung ins erfrischende Nass, auf ein kurzes Nickerchen im angrenzenden Park oder um sich am Sonnendach nackt bräunen zu können.

Später im Gymnasium lernte ich im Bad für meine Matura und es war Treffpunkt für alle weiteren Unternehmungen mit den Freunden und der Clique. In dieser Zeit war es immens wichtig, wo man im Strandbad lag und sich aufhielt. Ja, Sie haben richtig gelesen!

Als wir Kinder waren, waren wir natürlich in den zwei größten Sandkisten der Welt oder im daneben liegenden Schwefelbecken oder wir holten Wiener Hochquellwasser von der Leitung für unsere Sandburgen. Unsere Eltern beobachteten uns von der so- genannten ‚Milchtrinkhalle' aus. Das war vom Eingang gesehen das rechte Lokal im Strandbad, das ‚Inlokal' im Bad. Die Eierspeis' im Pfandl war legendär, dazu eine saure Milch aufg'spritzt! Das Einzige, was sich seit dieser Zeit geändert hat ist der Kaffee. Der schmeckt mittlerweile hervorragend!

Nach der Kinderbecken- und Sandspielzeit kam die Phase, in der meine Freunde und ich uns immer mehr um den Sprungturm tummelten und unsere Handtücher am so- genannten ‚Steg' lagen. Das ist ein zirka drei Meter breiter Verbindungsweg aus Beton, der die eine Strandbadseite mit der anderen verbindet, mit einer hüfthohen Abgrenzungsmauer zur Schwechat hin, zum Fluss, der durch Baden fließt, und mit einem Beton- und Metallröhrenzaun auf Kniehöhe zum Sport- und dem gemütlichen Schwimmbecken auf der anderen Seite. Auf diesem ‚Steg' spielten sich während meiner Pubertät Dramen ab. Aber dazu später.

Meine Clique und ich lagen immer auf der rechten Seite des Steges, also auf Höhe des gemütlichen Schwimmbeckens, das vor allem für ‚plaudernde Damen der Badener Gesellschaft essentieller Informationsaustausch war. Sie schwammen in ihren wunderbaren Frisuren mit der Sonnenbrille der Saison und natürlich einem Badeanzug oder Bikini mit Designernamen. Ihr Schwimmstil war oft eigenwillig, da es ja nicht wirklich aufs Schwimmen ankam, sondern vielmehr auf das Gespräch und das dabei die Frisur nicht nass wurde. Sie reckten die Köpfe wie Haubentaucher aus dem Wasser und wenn das Erzählte ganz dramatisch wurde, blieben sie abrupt stehen und erzählten kurzfristig im Stehen weiter. Das aber oft zur Unleidlichkeit der hinter ihnen Schwimmenden. Diese bestimmte Spezies trat immer paarweise auf und verließ auch paarweise das Becken.

Grenzgenial war es während der Badehaubenpflicht. Können Sie sich noch an die Blümchenbadehauben erinnern? Diese quietschbunten Gummihauben mit aberwitzigen Stoff- oder Plastikblumen darauf montiert. Das sah so lustig aus, wenn man vom Steg ins Becken schaute: lauter schwimmende Blumeninseln. Dazwischen zischte dann eine gestreifte Badehaube eines Herrn vorbei, der zu schwimmen versuchte. Was für ein Schauspiel!

Doch die, die es mit dem Schwimmen wirklich ernst nahmen, die waren sowieso im Sportbecken, wo Schwimmbahnen festgelegt waren und diese Schwimmer, wie auch ich, hatten natürlich diese engen Gummischwimmhauben, Schwimmbrille und Sportbadehose oder Sportbadeanzug. Alles andere ging gar nicht! Es warat wengam Widerstand im Wasser, da hätte ich ja die eigene Bestzeit gefährden können und überhaupt! Sie wissen schon. Aufs Äußere kam es an, wollte man in Baden mit von der Partie sein! Noblesse oblige ;)

Was uns als Schüler besonders gereizt hat, war natürlich das Reinspringen vom Rand, eh klar. Schwer verboten, doch so eine auftoupierte Frisur dadurch etwas derangieren zu können, war das Geschrei der Dame, die dich ja meistens kannte, einfach wert und das Ganze so getimt, dass dich der Bademeister nicht sehen konnte.

Wir liebten es, das Becken durchzutauchen, quer und längs, einerseits als Wettkampf zum Luft anhalten und um die Schwimmenden unter Wasser zu beobachten und dabei den lustigsten ‚Schwimmstil' zu küren.

Ich hatte mittlerweile mein Tauchen perfektioniert und wir tauchten nicht nur um die Wette, wer wie oft von einem Rand zum anderen tauchen konnte, sondern natürlich auch, um Dinge im Sportbecken hochzutauchen, die Springer vom Turm oder Schwimmer verloren. Umso tiefer desto besser, sehr zum Leidwesen des Bademeisters am Sprungturm. Denn dass wir tauchten und die anderen gleichzeitig sprangen, war uns egal, das war ja der Reiz. Und glücklicherweise ist nie etwas passiert.

Dann begann die Teenagerzeit, da wurde es noch entscheidender, auf welcher Seite des Steges man lag oder liegen musste. Eine Art Gruppenliegen machte sich breit. Die Mädchen und Burschen, die ‚nicht zu uns' gehörten, lagen auf der linken Seite des Steges beim Sprungturm. Wir, die Supercoolen, lagen natürlich nur auf der rechten Seite. Das war klar geregelt, wurde mit Handtüchern markiert und verbal verteidigt. Aber eigentlich redete man nicht miteinander. Man blieb auf seiner Seite unter sich.

Die einzige Ausnahme war, wenn man zum Sprung-turm wollte, dann ging man auf der rechten Steg-seite cool und lässig an all denen vorbei, die man nicht kennen wollte und würdigte sie keines Blickes! Alle blieben unter sich, wie in Bernsteins Musical *West Side Story*.

Ich muss ehrlich sagen, gefallen hat mir das nie. Tief in mir war ich auch kein Gruppentiger. Doch das musste ich halt auch alles erst einmal begrei-fen.

Und deshalb war damals für mich klar: umso cooler, umso besser! Meine Clique nannte mich damals Joe Cool von Snoopy. Derweil ich in meinem Inneren eher ein Linus war, verträumt und mit Schmusedecke, doch das durfte damals sicher keiner wissen.

Zu den Mutproben für Mädchen gehörten auch Sprünge vom 5-Meter-Brett, dann ruhten die Augen aller Burschen auf einem, nicht nur die aus den eigenen Reihen! Das gefiel einem dann schon.

Jetzt als Erwachsene denke ich mir: Was für ein Stress! Doch für uns war es damals essentiell. Wir bewegten uns auf der rechten Seite des Strandbades in unseren selbst aufgestellten Begrenzungen und fühlten uns wichtig, toll und stark. Teenager sein par excellence. Zum Glück konnte ich aus diesem Käfig ausbrechen.

Kehren wir wieder zum Ausgangspunkt zurück – dem Wasser und dem Mee(hr)

Bis zur Unterstufe Gymnasium war ich im Schwimmverein, schwamm bei Schulschwimmmeisterschaften mit, ich machte dann in der Oberstufe in Wien den Rettungsschwimmer. Da blieb keine Zeit mehr für Wettbewerbe, doch war ich immer noch viel im Bad und zog meine Längen im Sportbecken und lernte für die Matura.

Als ich dann mit 19 Jahren in die Schweiz ging, um dort ein Jahr zu arbeiten, lernte ich zuerst in Zürich und später in Luzern die legendären und genialen ‚Seebadis', die direkt ins natürliche Wasser hineingebaut sind, kennen und lieben. Es sind das diese wunderbaren Holzbauten aus der Jahrhundertwende, wo Frauen und Männer getrennte Bereiche haben und man sich in der Mitte treffen kann – wenn man das möchte. Diese Ruhe, die von diesen Seebadis ausging, war sagenhaft. Nicht nur, dass man sich fühlte, als wäre man mit einem Hausboot im See, obwohl diese Bauten gut im Boden verankert waren und über eine drei Meter lange Holzbrücke erreichbar waren.

Für mich war es damals das Paradies, mitten in der Stadt Zürich und gleichzeitig weg von allem. Jeder redete ehrfürchtig ruhig, keiner wollte den anderen stören und auf dem Sonnendeck wurde sowieso nichts gesprochen.

Das frische Wasser des Zürichsees, seine Farbe, seine Größe, seine Tiefe ließ eine neue Freiheit erahnen und erspüren. Denn, wer einmal in einem See geschwommen ist, geht, meiner Meinung nach, nicht mehr freiwillig in ein 25-Meter-Chlorbecken zurück.

Ich war als Kind nicht oft an einem See in Österreich. Und wenn, gehörten alte Holzbäder aus der Jahrhundertwende direkt in den See gebaut definitiv nicht dazu. Ich liebe sie bis heute und über eine kleine Holzstiege in das Seewasser einzusteigen, wird immer etwas Erhebendes für mich haben.

Ab diesem Moment wusste ich, dass der eingerahmte Sandspielplatz, die eingerahmten Wasserbecken des Strandbades und die eingerahmte Gesellschaft in Baden für alle Zeiten die Faszination und gleichzeitig Begrenztheit meiner Kindheit und Jugend waren und dieser Teil meines Lebens nun zu Ende ging.

Eine neue Lebensphase hatte begonnen. Ich konnte in neue Welten eintauchen, neue Entdeckungen warteten.

Die Liebe zum Wasser war also von Anfang an da, doch die allergrößte Faszination für mich war von klein auf die See, obwohl ich mich an meine erste Begegnung mit der Weite des Meeres nicht bewusst erinnern kann und sie nur von Fotos und Erzählungen kenne.

Fotos, wie dieses: ein nacktes, weißblondes, glückliches zweieinhalb- jähriges Kind an einem Sandstrand am Schwarzen Meer.

Ein weißblondes Kind mit Schwimmflügerl am Arm des Vaters, der im Meer steht und das Mysterium der Wellen erklärt.

Nach den Berichten meiner Mutter war ich zuerst etwas ängstlich und hatte Respekt vor den Wellen, doch das änderte sich schnell und das Gegenteil trat ein, ich war nicht mehr aus dem Wasser und den Wellen zu bekommen.

Vielleicht habe ich diese unbewusste Begegnung einfach im Strandbad weitergelebt.

Die zweite Begegnung, diesmal schon bewusst, fand in Milano Marittima am Mittelmehr statt. Ein typischer italienischer Ferienort aus den 70ern mit Hotelburgen direkt am Sandstrand, Tomatenspaghetti, Pizza, Gelati – das Kinderparadies! Noch dazu lieben bekanntlich Italiener Kinder und die blonden Bambini ganz besonders! Was war das für uns Kinder ein genialer Urlaub! Damals war ich in der Volksschule und dachte mir zum ersten Mal: ‚Da möchte ich wieder herkommen'. Diese italienische

Leichtigkeit, diese Herzlichkeit hatte mich tief beeindruckt.

Und die dritte und noch prägendere Wahrnehmung
war dann mit acht Jahren. Da ging es nicht um das
ganze Schauspiel aus Meer, Strand, Essen, . . .

Ich durfte damals zum ersten Mal den monumenta-
len Atlantik erleben, sein Getöse, seine Kraft, seine
bebende Unendlichkeit.

Zum Beispiel Ebbe und Flut bei Mont St. Michel. Eine unglaubliche Naturgewalt. Wenn ich daran zu-
rückdenke, dann spüre ich diese Sprachlosigkeit ob
der Gefühlsexplosion und eine tiefe Demut in mir,
als hätte ich es eben erst erlebt, so eindrücklich war
es für mich.

Als ich in Luzern zwischen zwei Seen lebte, dem
Vierwaldstättersee und dem Rotsee, dachte ich ei-
nige Jahre, ich hätte den richtigen Kompromiss zum
Meer gefunden. Dass es einfach gut war, in der Nä-

he eines Sees zu leben, nicht einem Fluss und das Meer in drei bis fünf Stunden erreichen zu können. Anfangs war ich glücklich, von Luzern in drei Stunden in Mailand und in fünf Stunden in Genua und damit bei den Cinque Terre und am Meer zu sein. Es fühlte sich frei an, an einem See zu leben und das Meer nicht weit entfernt zu wissen.

Dieser Kompromiss funktionierte viele Jahre sehr gut und dann holte mich das Gefühl, direkt am Meer leben zu wollen, wieder ein.

Verstehen Sie mich nicht falsch, es ist mir bewusst, dass dies jammern auf hohem Niveau ist. Doch ein Traum ist eben ein Traum. Manche Träume sind wichtig, dass man sie träumt, die Erfüllung ist oft zweitrangig. Einige Träume verändern sich mit der Zeit.

Das hoffte ich insgeheim auch bei meinem, doch er kam hartnäckig immer wieder zurück. Also war es wohl meiner Seele wirklich ein Anliegen, daran festzuhalten, wie lange es auch dauern möge.

Aus dem einen Jahr Schweiz wurden dann schlussendlich elf. Der damalige Drang nach Erfolg und die
Arbeit in der Hotellerie, die ja an sich zeitintensiv
ist, lenkten mich einerseits von meiner Sehnsucht
ab, doch brachten sie mich andererseits noch weniger ans Meer. Der Kompromiss ging schlussendlich
nicht auf.

Wenn ich dann endlich einmal am Meer war, fiel der
Abschied umso schwerer. Wie eine immerwährende
Liebschaft, die man nicht loslassen will und ein Mal
im Jahr kurz aufleben lässt. Ausgeglichen ist etwas
anderes. Zu wenig Klarheit, zu viele Sehnsüchte –
ändere dein Leben, sagte ich mir. Ich ging auf Reisen und das vier Monate lang. Bis auf ganz kurze
Zeiten im Landesinneren verbrachte ich die meiste
Zeit an den unterschiedlichsten Stränden und Meeren.

Genial! Ich lebte meine Liebe und lud so unendlich
viele Bilder in mein Herz und meine Seele, dass es
für einige Jahre anhielt!

Dieses Auftanken verhalf mir, aus der Hotellerie in der Schweiz auszusteigen und wieder nach Österreich zurückzukehren.

Es gab mir die Kraft, mit 31 Jahren bei null anzufangen. Zwar in meinem Heimatland, doch fühlte sich das nach elf Jahren Schweiz sehr indifferent an. Einerseits fehlte mir die Schweiz, es waren doch prägende Jahre. Ich hatte mir ein Netzwerk aufgebaut. Andererseits freute ich mich sehr, wieder in Österreich zu sein, Freunde aus der Schulzeit zu treffen. Ich musste mich auch wieder an das ‚Schau ma mal' gewöhnen. Wenn nicht heute dann morgen. Ich habe mir meinen persönlichen und durch das Leben in der Schweiz verstärkten Perfektionismus abtrainiert. Meine Verlässlichkeit ist jedoch geblieben und bis heute fällt es mir schwer, mit unzuverlässigen Menschen zu arbeiten oder privat Zeit zu verbringen.

Quereinsteigerin par excellence

Ich machte die Ausbildung zur Pilates-Trainerin und besuchte gleichzeitig einen Postgradualen Lehrgang in Kunst- und Kulturmanagement in Wien. Sattelte komplett um und machte mich mit 33 Jahren selbstständig, kompensierte das Meer mit dem Neusiedlersee, zehrte von den Bildern der Weltreise vor meinem geistigen Auge.

Das hielt wirklich lange an und jeder, der sich selbstständig macht, weiß, dass man zum Durchatmen erst wieder frühestens nach drei Jahren kommt. Danach taucht man zum ersten Mal wieder auf im sozialen Leben und denkt sich: ‚Da war doch noch etwas anderes, oder?'

Nach fünf Jahren Selbstständigkeit wollte ich neben Pilates ein zweites Standbein aufbauen. Das Kunst- und Kulturmanagement rückte immer mehr in den Hintergrund.

Es folgte die Bowen-Ausbildung. Ich strukturierte wieder einmal um, traute mir den eigenen Praxistraum zu und konnte so wieder einige Jahre Zeit verstreichen lassen, mit einigen Kurzaufenthalten am Meer.

Aber umso älter ich wurde, umso lauter wurde mein Traum, umso mehr wollte er gehört, gesehen, geschmeckt – einfach gelebt werden. Nicht dass Sie glauben, dass ich in der Zeit nicht glücklich gewesen wäre – ganz im Gegenteil. Ich erfüllte mir ja unzählige andere Träume! Doch dieser eine Traum war am stärksten und wollte sich eben nicht abspeisen lassen mit Kurzaufenthalten am Meer.

Das spannendste Meer ist für mich der Atlantik, diese Unmittelbarkeit der Naturgewalten ist einfach atemraubend und es klärt sich und reinigt sich in dir alles ganz schnell. Dieser reinigenden Kraft komme ich nicht aus. Also wollte ich langfristig nach Cornwall ziehen und dort am Meer ein Bed & Breakfast aufmachen. Ich spreche Englisch, ich mag die Menschen dort, die Landschaft, ich spiele Golf, alles ganz einfach. Easy cheesy, quasi!

Ich richtete mich und mein ganzes Sein auf diese Idee aus und sagte mir, die Zeit in Österreich sei einfach eine Zwischenstation.

Doch einen kleinen Zweifel gab es dennoch in mir: Da gab es ein kleines Temperaturproblem! Nicht nur die generelle Temperatur des Atlantiks, sondern auch die Durchschnittstemperatur über das Jahr gerechnet, sind mir einfach zu kalt.

‚Sorry, this is not my cup of tea!'

Ich liebe die Wärme und speziell die Hitze am Meer. So schön es am Atlantik und in Cornwall war – meine Rosamunde-Pilcher-Lovestory mit Meer und passender Umgebung wird wohl woanders stattfinden.

Fazit: Dieser Plan funktioniert dann langfristig auch nicht. Obwohl ich keine Sommergolferin war und das englische Wetter mein perfektes Golfwetter wäre. Nope, zwar ganz nah dran und doch weit entfernt!

Und weiter ging´s, ein bisschen traurig und noch nicht ganz den alten Plan loslassend reiste ich mit Freunden zu ihren Lieblingsgebieten am Meer oder sie erzählten mir davon und meinten :‚Da musst du hin, das gefällt dir sicher.'

Alles ganz großartig und wunderbar, aber eben nicht der Platz, wo ich sagen konnte: ‚Das ist es! Da passt die Kombination aus Landschaft und Meer und die Sprache der Menschen vor Ort.'

Es ist wie bei der Suche nach einer neuen Wohnung, man sieht sich vieles an und denkt sich, ja das könnte gehen, wenn das und das nicht wäre und dann, plötzlich, meist wenn man schon aufgeben wollte und innerlich losgelassen hatte – schwupps, stehst du noch auf der Schwelle einer Wohnung und spürst in dir dieses tiefe Gefühl aufsteigen von: Ahh jaaa, das ist sie!

Dieses Gefühl hatte ich eben nicht oder besser gesagt: noch nicht!

Selbstmotivation im Druckkochtopf:

Eine Portion Durchatmen und dem Leben vertrauen. Alles kommt zur richtigen Zeit und dann meist überraschend, damit der Geist/Kopf ausgeschaltet ist, dein Herzhirn sagt, jaaa los geht's und die Seele Luftsprünge macht. Herzhirn und Seele/Bauchhirn köcheln bereits, machen schon Party, dann erst merkt der Geist/Kopf, was eigentlich los ist und schreit:, Jetzt einmal Stopp hier, dieses Übermaß an Ausgelassenheit gefällt mir gar nicht – diese Spontanität, wir wollen das Rezept einhalten! – wer hat euch erlaubt, das Leben so anzunehmen und zu genießen? Das muss alles hinterfragt werden, man kann nicht einfach aus einem Gefühl heraus eine Entscheidung treffen.'

Bei so einem Ereignis in Ihnen gibt es, meiner Meinung nach, zwei Möglichkeiten: Entweder der Geist gewinnt, Herzhirn und Bauchgefühl hören auf zu tanzen oder Sie nehmen den Geist bei der Hand, sehen ihn liebevoll an, der ist so elektrisiert, dass er gleich seine angelernten Glaubenssätze über Bord wirft und die Party geht weiter.

Das ist, in meinen Augen, kein verblendeter Optimismus, sondern Vertrauen in sich selbst und tiefe Selbstliebe.

Es geht nicht darum, dass man den Geist/Kopf unterbuttert oder überstimmt, nein alle drei sind gleichberechtigt und damit treffen SIE eine Entscheidung für SICH auf allen Ebenen.

Wohl bekomm's!

2. Kapitel - *Feuer*

Die Suche zur Traumerfüllung geht weiter

Der erste Hinweis, der die Orts- und Landsuche ein-
zugrenzen half, kam von Frau Gerda Rogers. Ja, Sie
haben richtig gelesen! Die Astrologin Österreichs.
Ich wollte sie immer schon einmal kennenlernen
und ja, sie ist in natura genauso wie im Fernsehen
oder Radio. Unglaublich, was sie in einer halben
Stunde alles aus einem Horoskop erzählen kann!
Das müssen Sie erlebt haben, diese Geschwindig-
keit beim Reden!

Der zweite und sehr ähnliche Hinweis, was Land
und zukünftigen Partner betraf, kam von Jörg. Was
das im Detail bedeutet, folgt später.

Doch zuerst einmal: Halt! Stopp! Welches Land?
ITALIEN?

Frau Rogers ganz gelassen: ‚Ja, da werden Sie leben, mit Ihrem Partner, der in diesem Leben für Sie

vorgesehen ist.' Bitte? Ich kann grad ‚amal' so Italienisch, dass ich grad ‚amal' so durchkomme . . .

Frau Rogers, noch gelassener über ihre Lesebrille blickend: ‚Na, dann lernen Sie halt Italienisch!'

Ja, eh alles ganz einfach! Das ist ein Longterm-Plan, das ist ein Plan, dessen Durchführung wirklich guter Vorbereitungen bedarf. ‚Und außerdem, Frau Rogers, ich wollte doch immer ein B&B in Cornwall!' Sie antwortete: ‚Also sicher nicht! Ganz ohne Zweifel! Das ist viel zu nördlich! Das sehe ich da gar nicht!'

Voller Unsicherheit versuchte ich lauter Einwände aufzubringen, die mir einfielen. Sie musste sich irren, ihr Computerprogramm hatte vielleicht einen Virus! Und es hatte dadurch etwas falsch berechnet, oder so . . .

Frau Rogers blieb voller Bestimmtheit dabei: ‚Ich sehe das hier ganz deutlich. In ein bis zwei Jahren ist es so weit. Sie werden immer einen Fuß in Österreich haben und eben mit Ihrem Herzensmenschen auch einen in Italien. Sie arbeiten sogar zusammen und bauen sich in Italien etwas Schönes auf.'

Na okay, wenn sie meint . . . ich gab' mich geschlagen, so viel Bestimmtheit und Gelassenheit haut einen einfach um . . .

Also keine Rosamunde-Pilcher-Schmonzette, eher Donna Leon à la Toskana!

Bei Frau Rogers, war ich im September 2014 und im Frühjahr 2015 wollte ich nach Norditalien fahren, denn ich dachte mir, am schnellsten von Wien mit dem Auto zum Meer bist du in Norditalien. Dazu kam es dann, durch verschiedene Umstände, nicht und ich dachte mir: ,Alles Quatsch!'

Im darauffolgenden Jahr im Jänner 2016 verbrachte ich eine Woche bei Jörg in Tirol. Jetzt folgen die Details zu Hinweis Nummer 2.

Wir saßen in seiner Küche und sprachen bei einem Glas Rotwein, was wir uns so für das gerade angebrochene Jahr wünschen und was der andere denkt, wie das Jahr des Freundes verlaufen könnte.

Und da sagte Jörg, ganz entspannt auf seiner Bank am Küchentisch sitzend: ‚Du wirst diesen Sommer in Italien verbringen, irgendwo an der Westküste und weil du dort dann ein Haus suchst, lernst du auf diese Arte deinen Seelenpartner kennen. Du erkennst ihn zwar nicht gleich als solchen, aber das kommt noch.'

Ich dachte mir ‚Mein lieber Freund Jörg hatte wohl ein Glas Rotwein zu viel.' Doch es kam so klar und überzeugend bei mir an, dass diese Information doch nacharbeitete. Mit dem Unterschied, dass ich spürte, ich lass' Italien auf mich zukommen. Wenn ich den Sommer in Italien verbringen sollte, dann wird es passieren.

Und dann kaufte ich im Frühjahr einen wunderschönen Rosmarin, frisch aus der Maremma geliefert, und dachte mir ‚Maremma, Maremma, das sagt mir etwas, wo ist das doch gleich?' So ein Zufall, den es ja bekanntlich nicht gibt: in Italien natürlich! Aber wo genau in Italien ist die Maremma?

Nachdem ich den Rosmarin gut nach Hause gebracht hatte und– für die Terrasse war es noch zu kalt – innen einen guten Platz für ihn fand, legte ich mich auf die Couch und gab im Internet das Wort Maremma ein und der nächste Zufall, den es nicht gibt, ereignete sich! Eh klar!

Die Maremma ist ein Gebiet in der Toskana und die Toskana liegt an der Westküste von Italien. Also gut, das Spiel kann beginnen, ich bin bereit!

Ich kannte das Gebiet, weil ich dort einmal von Piombino nach Elba und einmal von Livorno nach Sardinien mit Fähren gefahren bin.

Auch vom Durchfahren auf dem Weg von der Schweiz nach Rom kannte ich die Maremma ein wenig. Ich habe Florenz, Pisa, Lucca, Siena und all' die bekannten Städte in der Toskana besichtigt. Aber so richtig Urlaub am Meer habe ich dort nie gemacht. Doch vieles spricht dafür: Westküste, ergo Sonnenuntergang mit einer Sonne, die im Meer versinkt. Naturschutzgebiete am Meer, also keine verbaute Küste. Viel Grün, hügelige Landschaft, Zypressen, Pinien, mittelalterliche Städte mit Sicht zum Meer, Weinhänge und Olivenhaine, fantastisches Essen, geniale Weine, entspannte herzliche Italiener, . . . wollen Sie noch mehr hören?

Die Liste wurde immer länger. Es zog mich wie magisch dorthin.

Doch wo sollte ich wohnen? Ich kannte niemanden in der Gegend, in ein Hotel wollte ich nicht und, ehrlich gesagt, die Vorstellung, ein Appartement zu mieten, war auch nicht so prickelnd.

Ich spürte und wusste gleichzeitig, dass ich genau die richtige Unterkunft finden würde.

Das Beste wäre, ein Haus zu mieten.

Noch ganz in meinen Überlegungen versunken, telefonierte ich mit Jörg, wir erzählten uns von unserem Tag und dann fragte ich ihn so nebenbei im

Plauderton: ‚Du kennst nicht zufällig jemanden, der ein Haus in der Maremma hat?'

Und was sagt er: ‚Sicher, Schnucki!' Ich war sprachlos und brachte nur ein ‚Echt, gibt's ja nicht' heraus.

Genauso easy cheasy wie seine Antwort daherkam, ging das ganze ‚Hausmietprojekt' weiter.

Der Kontakt mit den Hausbesitzern wurde noch am selben Tag über Jörg hergestellt und zwei Tage später bekam ich ein Mail mit einer Hausbeschreibung, einem Anfahrtsplan und Fotos von einem toskanischen Steinhaus mit Pergola, Palme und unzähligen Olivenbäumen um das Haus herum.

Wenn's fließt, dann fließt´s! Und das Beste: Das urige Landhaus war genau im Juli, in meinem Urlaubsmonat, für zwei Wochen frei! Das war kein ‚Massel' mehr, so viel Bestimmung war kaum mehr auszuhalten.

Flugs habe ich das Haus im Herzen der Maremma, zehn Kilometer vom Meer entfernt, gemietet und gleich angezahlt. Was für ein Geschenk, leistbar war es auch noch! Was für eine Freude, genau das Gebiet, wo ich hinwollte ist mit Leichtigkeit und Geschmeidigkeit zu mir gekommen. Ich war glücklich!

Als ich davon zu erzählen begann, was ich im Sommer vorhatte, sagten die meisten: ‚Was, ganz alleine, zwei Wochen? Hast du da keine Angst? Wird dir da nicht fad? Da kommt dich aber schon jemand besuchen?‘

Und einige andere meinten, ‚Da komm‘ ich die besuchen!‘ ‚Wie bitte? Ich habe ein Haus für mich gemietet, um mit mir alleine zu sein, damit ich vielleicht ins Schreiben komme, oder keine Ahnung, was mir dort einfällt zu tun oder nicht zu tun. Ich möchte zwei Wochen einfach keinen Plan verfolgen, kein Verabreden und Bereden von irgendeinem Tagesplan. Ich wollte jeden Morgen aufwachen und hineinspüren, wozu ich Lust hatte! Wo ich doch endlich wieder mit mir sein so richtig genießen und auskosten konnte!

Warum ist das ‚Nichterreichbarsein' für viele Menschen so ein Thema? Nicht für die Personen, die es bewusst tun, die freuen sich darauf. Es ist ja eine selbstgewählte Zeit.

Nein, für die, die man sozusagen ‚zurücklässt', die kommen oft nicht klar damit.

Aus dem ‚Mitsichsein' entspringt auch das Bewusstsein, in dieser Zeit nicht alles mit dem Außen teilen zu müssen. Ich denke ja trotzdem an die Menschen, die mir nahestehen und schicke ihnen liebevolle Gedanken. Doch ist es ja auch wichtig, dass das innere ‚Betriebssystem' wieder einmal runterfahren kann und man dann in Kontakt tritt, wenn es für einen selbst gerade passt und nicht, weil es vom Gegenüber erwartet wird.

Doch alles ist ein Lernprozess für jeden von uns und alles hat auch immer mit einem selbst zu tun. Ich war vor noch nicht allzu langer Zeit für viele die ‚Nummer Sicher' und das wollte ich wohl auch so – warum und wofür auch immer. Vielleicht war es das Bedürfnis nach Aufmerksamkeit, vielleicht genügte ich mir selbst nicht, wollte mich gebraucht fühlen, brauchte Selbstbestätigung . . . Und jetzt hatte ich einen völlig neuen Kurs eingeschlagen. Logisch, dass das für viele unvermittelt kam und eben bei manchen Unverständnis auslöste.

Mein ‚Mit mir sein', das für viele ja als ein Alleinsein gesehen wird, empfinde ich als Bereicherung. Ich fühle mich beim ‚Mit mir sein' mit allem und jedem verbunden. Das dies nicht immer so war oder über einen langen Zeitraum in mir vergraben war, das ist so!

Mit mir in bester Gesellschaft sein, das habe ich nun endlich wiederentdeckt und ich finde es sehr heilsam! Es ist ja nicht so, dass man gleich zum Eremiten werden muss und nie wieder eine Beziehung eingehen kann! Ganz im Gegenteil, erst in der Zurückgezogenheit spürt man, meiner Meinung nach, die Verbindung mit allem, ist im Hier und Jetzt, schwingt seine eigene Melodie, empfindet die tiefsten Glücksgefühle, die Regeln der Zeit sind aufgelöst und die Begegnungen mit sich und anderen sind viel intensiver!

Das wollte ich diese zwei Wochen nicht gegen eine Ablenkung eintauschen! Ich bin sehr gerne in Gesellschaft, mit Freunden zusammen und ich lebe gerne in einer Liebesbeziehung, aber alles zu seiner Zeit.

Hier ist noch einmal ein für mich wichtiger Satz vom Beginn dieser Geschichte, den ich hier gerne wiederholen möchte: ‚Ich glaube dieser Wunsch des Eintauchens sagt überhaupt sehr viel über mich aus. Heute noch möchte ich eine Situation, eine Begegnung, einen Sonnenuntergang in seiner ganzen Tiefe und Einzigartigkeit spüren und mit allen Sinnen wahrnehmen . . .'

Ich tauche ein in Situationen und das vollständig und genau so mache ich das mit mir. Ich habe die Holzleiter zu meinem eigenen See wiedergefunden und kann dort in tiefem Frieden jederzeit schwimmen gehen.

Und dadurch, dass sich das immerforte Eintauchen in neue Welten durch die Variation der Wiederholung verstärkt, ist dazwischen keine schnelle Ablenkung mehr nötig. Man kommt durch diesen Prozess immer mehr zu sich und verliert sich nur noch peripher. Somit ist es wunderbar, die Dinge geschehen lassen zu können und dadurch alles zu seiner Zeit leben zu können. Und manchmal wollen auch mehrere Geschehnisse gleichzeitig gelebt werden.

Wenn ich untertauche, bin ich ja gleichzeitig auch aufgetaucht, weil ich ja die Verbindung zu den Menschen und zum Leben halte. Ich bin nur einfach nicht immer erreichbar.

Meiner Meinung nach weiß die Seele des anderen das und schwingt in Liebe mit. Das Ego tut sich da oft schwerer. Das kenne ich aus eigener Erfahrung! Ich bin da immer wieder am Üben.

Und einige Egos mancher Menschen halten es gar nicht aus. Da bin ich dann früher ‚brav' zurückgerudert oder geschwommen und habe mich, gegen mein eigenes Gefühl, wieder eingefügt. Doch das tut dem Herzen, der Seele, dem ganzen Sein langfristig nicht gut. Daher sage ich mir heute: ‚Ein klares ausgesprochenes Nein ist ein Ja zu mir.'

Das lässt sich ganz wunderbar in einer Partnerschaft leben und üben. Ich bin darin sicher noch kein Profi, doch wenn ich schon alles könnte, dann wäre ich wohl nicht hier auf dieser Welt.

Wenn ich davon ausgehe, dass mein Spiegel im Außen (die Menschen und Situationen, die ich mir kreiere, um weitere Erfahrungen über mich selbst machen zu dürfen) meinen inneren Zustand und meine innere Entwicklung widerspiegelt, was möchte ich da sehen?

Ich möchte zum Beispiel sehen: Wahrhaftigkeit, Ehrlichkeit, Verbundenheit, Verbindlichkeit, Echtheit, Tiefe, bedingungslose Liebe, Achtsamkeit, Freude, Leichtigkeit, Ausgelassenheit, Balsam für die Seele, Klarheit, Lachen, Ungezwungenheit, Verspieltheit, Selbstliebe, Lust und Lustvolles.

Und wenn ich davon ausgehe, dass ich meinen Spiegel und die Menschen, also meine gesamte Wirklichkeit, selbst kreiere, was für Lebenssituationen erlebe ich dann mit diesen Vorgaben im vorigen Satz? Eben!

Da ist kein Platz für Enge, Sich-festgenagelt-fühlen, Besitzanspruch, . . . ‚aber du hast mir versprochen‘, . . .

Empathisch und dadurch achtsam mit sich umzugehen, ist für mich der Zauber, dem alles innewohnt.

Die Reise zum Mee(h)r beginnt

Anker einholen, Leinen los, der Kurs ist bestimmt, der Wind bläht die Segel und du hältst das Steuer sicher und voller Vorfreude auf die gerade begonnene Fahrt in deinen Händen. Ahoi!

Von Hall aus nach einer Woche bei Jörg, wo ich mich auf das Kommende einschwingen konnte und zwischen Arbeit und den nächsten Tagen eine Zwischenstation des Sammelns und Sortierens hatte, ging es los.

Als ich losfahre Richtung Maremma und dem gemieteten Haus, weiß ich nur, ‚juhuuuu, ich habe zwei Wochen Urlaub und was kommt, kommt und was passiert, das passiert – ich bin für alles offen und zu allem bereit.

Die Fahrt nach Italien über den Brenner weckt Erinnerungen an frühere Fahrten in Gruppen und an vorgegebene Zeitpläne. Da war keine Zeit für ein kurzes Anhalten. Die Städte und Landschaften waren eingebettet in ein Wahrnehmen des Vorbeiziehens. Diese damaligen Reisen hatten einen engeren Fokus und verfolgten ein anderes Ziel.

Es ist dieses Mal wunderbar, alleine unterwegs zu sein, ich nehme mir die Zeit, die Pausen und die Musik im Auto ganz nach meinem Rhythmus einzuteilen – das ist für meine ‚Mission' genau das Wahre.

Daher fahre ich dieses Mal bewusst in Rovereto im Trentino ab (die Pavanis, meine Vorfahren mütterlicherseits, stammen von hier). Ich bleibe nicht bei einer Raststation stehen, sondern parke mein Auto im Zentrum von Rovereto und schlendere durch die wunderschöne und bezaubernde Stadt meiner Ahnen. Ich beobachte die Menschen bei ihren Alltagstätigkeiten und überlege mir, ob meine Vorfahren hier wohl auch gegangen sind oder ob die mir entgegenkommende Person vielleicht sogar mit mir verwandt sein könnte. Ich fühle mich zu Hause unter den Italienern, obwohl ich die Sprache nicht gut spreche. Ihre Körpersprache, ihr Gestikulieren, ihre Energie sind mir so vertraut.

Ich trinke einen dieser genialen italienischen Espressi an der Bar eines typischen Cafés, esse ein göttliches ‚Plunder-Irgendwas' und tauche ein in die Energie der Menschen und ihre entzückende Stadt.

Nach zwei Stunden kann ich mich endlich losreißen. Ich wollte ja nur einen Kaffee trinken und eine kurze Pause machen. Doch die Stadt hält mich noch eine weitere halbe Stunde bei sich, mein Navi schickt mich im Kreis und führt mich, anstelle zur

Autobahnauffahrt, auf einen Hügel, wo wunderschöne alte Villen seit Jahrhunderten in ihren Gärten über der Stadt thronen und das Treiben im ‚Tal' aus einer distanziert entspannten Gelassenheit betrachten.

Danke Navi, danke Rovereto für dieses Abschiedsbild! Ich komme wieder!

Wieder auf der Autobahn fahre ich an der Ausfahrt Gardasee vorbei, um dann an Verona und Bologna vorbeiziehend bei Florenz auf die Schnellstraße mit dem lustigen Namen FIPILI (Firenze, Pisa, Livorno) abzuzweigen. Dann gondele ich eine Weile so dahin, bei 90 km/h beziehungsweise 100 km/h Geschwindigkeitsbeschränkung kann man entspannt nachdenken. Die Landschaft zieht an mir vorbei, wieder ein wunderbarer Espresso im Stehen, dieses Mal an einer Raststation mit sensationellem Blick auf Zypressen, Pinien und Hügel, auf denen Steinhäuser thronen. Alles ist gut. Und weiter geht es. Ich öffne das Autofenster und das Schiebedach. Die Luft ist für mich spürbar weicher, es riecht würziger, erdiger und die Landschaft entfaltet sich vor mir.

Ich fahre tief in Gedanken versunken an Pisa vorbei, nehme die Landschaft immer bewusster war, als würde ich endlich ankommen – als wäre ich ewig auf Reisen gewesen und nun finde ich die Straße, die nach Hause führt. In mein innerstes Zuhause, ganz tief in mir verankert. Als hätte meine innere Landschaft sich mit der äußeren Landschaft verbunden. Und als Krönung sehe ich plötzlich etwas Azurblaues hinter dunkelgrünen Pinienwäldern und ich bin so elektrisiert, dass ich wirklich achtgeben muss beim Fahren.

Mein Herz macht zuerst einen riesigen Luftsprung und dehnt sich dann ins Unermessliche aus, verbindet sich mit, im wahrsten Sinne des Wortes, der Erde. Es sagt ‚Ja, ich bin angekommen' – ENDLICH – und atmet aus.

Der Himmel ist ebenfalls azurblau, darunter das dunkle Grün der Bäume, die mich wie Wächter empfangen und vor meinem inneren Auge verneigen wir uns voreinander und grüßen einander – erkennend in stiller Freude. Dazu winken die silbergraugrünen Zweige der Olivenbäume und das helle Grün der Weinblätter.

Der Empfang ist wie bei einem großen Fest, alles hat sich herausgeputzt und ist voller Vorfreude und Ausgelassenheit. Von der Via Aurelia tauche ich ein in dieses geniale Schauspiel. Das Meer beginnt zu glitzern, schöner als die klarsten Diamanten der Welt. Es ist mittlerweile Nachmittag und die Landschaft schimmert in einem unbeschreiblich einzigartigen Licht. Ich bin kurz vor Cafaggio und dem Haus, das ich gemietet habe. Ich kann meine Gefühle kaum fassen. Ich fühle mich zu Hause – im Süden!

3. Kapitel - *Erde*
Angekommen!

Das gemietete Steinhaus ist wirklich entzückend und liegt eingebettet in einem Olivenhain. Auf der einen Seite vor dem Haus steht eine große Palme und auf der anderen Seite stehen große grüne Zedern, die am Nachmittag herrlich Schatten spenden. Das Grundstück ist zur Schotterstraße hin, die an zwei Seiten herumführt, nicht einsichtig, der nächste Nachbar ist weit genug entfernt, auf einem nahe gelegenen Feld blöken Schafe (die bald Melonenschafe genannt werden – doch dazu später). Das Dorf Cafaggio ist nicht weit, dort gibt es einen ganz kleinen Supermarkt, eine Bar und eine Trattoria – Punto, das war's. Cafaggio liegt nicht weit vom Meer entfernt und wenn man oben auf der Außentreppe steht, kann man es sogar sehen!

Die Erforschung des Hauses beginnt! Zwei Wochen lang kann ich hier sein. Ich fühle mich wie ein Teenager, der zum ersten Mal alleine zu Hause ist –

lustig! Das Haus ist ein typisches toskanisches Steinhaus. Im Erdgeschoß befinden sich die Lagerräume, den ehemaligen Weinkeller bauten die Besitzer zur Sommerküche um. Zu den Wohnräumen gelangt man über eine Außentreppe. Es gibt ein kleines Bad, eine Küche mit Kamin und zwei Schlafzimmer mit typischen Terrakottaziegeln und dem für Häuser im Süden typischen Holzbalkendach. Die Wände sehen weiß gekalkt aus und ich habe das Gefühl, in ein anderes Jahrhundert eingetaucht zu sein.

Ich entscheide mich für das größere Schlafzimmer, stelle meinen Koffer ab und beginne auszupacken.

Es ist ein schöner Raum mit guter Energie und ein bisschen erinnert er mich, wegen der alten Steinmauern und der alten Möbel, an unser mittlerweile verkauftes Haus im Waldviertel.

So ein Steinhaus hat eine ganz eigene Ausstrahlung und ist im Sommer ein Hit. Im Winter ohne Heizung – naja . . .

Doch jetzt ist Sommer und nachdem ich einiges ausgepackt habe und mich schon ein wenig in meinem Schlafzimmer zu Hause fühle, beziehe ich das Bad und danach die Sommerküche. In der ist es richtig herrlich kühl!

Schön langsam geht die Sonne unter, doch die toskanische Luft ist immer noch sonnengewärmt.

Ich schalte den Kühlschrank ein und lege die wenigen Sachen, die ich mitgebracht habe, hinein. Morgen in der Früh werde ich gleich einkaufen gehen, doch für das erste Frühstück ist alles da. Das Wichtigste jedenfalls: italienischer Espresso aus meiner geschraubten Reise-Espressomaschine. Falls mich doch der Hunger überkommt, habe ich von der Fahrt noch ein altes Brot, ein Joghurt und einen Apfel.

Und zum Ausklingen des ersten Abends gibt es sowieso Rotwein und Wasser. Vielleicht sollte ich morgen gleich einmal nach Suvereto fahren, laut Reiseführer ein wunderschöner mittelalterlicher Ort – nicht weit von Cafaggio, und dort in einer Osteria die Ferien mit einem typisch toskanischen Pranzo (Mittagessen) beginnen! Das klingt schon einmal hervorragend! Doch jetzt kümmere ich mich darum, nicht von den Zanzare (Mücken/Gelsen) gestochen zu werden, meinen Rotwein zu trinken und dem Konzert der Geckos, Eidechsen, Grillen, Katzen und Hunden zu lauschen. Dazwischen hört man ein Schaf, dann einmal einen Esel und plötzlich wird es ruhig – quasi ‚subito piano'. Das dauert kurz an, um von einem ‚subito forte' der Grillen abgelöst zu werden.

Ich versinke in diesem Konzert und spüre die Müdigkeit der Fahrt, der Rosmarin und der Lavendel im Garten riechen würzig und wirken beruhigend auf mich.

Es wird Zeit schlafen zu gehen, obwohl der Sternenhimmel überwältigend ist und der fast volle Mond einen unglaublichen Glanz hat.

Buona notte a tutti!

Am nächsten Morgen werde ich von einer Sonne geweckt, die im Süden – mir scheint es jedenfalls so – anders scheint: klarer und fordernder! Ich stehe auf und denke: ‚Um dir so klar begegnen zu können wie du mir, brauche ich meine dunkelste Sonnenbrille und einen starken Espresso.'

Gesagt, getan, setze ich mich vor dem Haus unter eine klassisch toskanische Laube mit den großen Weintrauben, die ich aus meiner Kindheit in unserer Greißlerei kenne. Da meinte meine Mutter immer: ‚Mh, die italienischen Trauben sind schon da!' Diese wurden früher geliefert als unsere einheimischen und waren für mich riesig, ebenso ihre Kerne . . . mein Favorit waren sie nicht, doch für meine Mutter waren sie ein Gruß aus dem Süden.

Heute glaube ich, dass es für sie eine Möglichkeit war, sich eine kurze gedankliche Auszeit zu nehmen von ihrem damals sehr fordernden Leben. Eine kurze Fantasiereise. Mich hat es in jedem Fall sehr beeindruckt. Mir hat es gefallen, das Jahr und die Jahreszeiten über die Anlieferung des jeweiligen Obstes und Gemüses wahrzunehmen. Das hat etwas sehr Sinnliches.

Ich sitze unter der etwas Schatten spendenden Laube auf einer Kiesterrasse vor dem Haus und blicke Richtung Palme. Plötzlich zeigt sich eine Eidechse. Sie taucht aus dem Schatten der Palme auf, läuft auf dem Kies und weil dieser durch die Sonne schon heiß ist, stoppt sie ihre Bewegung und hebt abwechselnd ein Bein.

Ich glaube sie hat mich bemerkt und huscht in Richtung Hausmauer, wo entlang des Hauses eine dicke alte Rebe nach oben wächst. Dahinter versteckt sie sich, um dann kurz darauf wieder etwas höher am Rebstock aufzutauchen. Das Schauspiel wiederholt sich bis sie oben bei der Weinlaube angekommen ist und sich einer großen Weintraube nähert. Sie versucht, an der Weinbeere zu naschen. Als diese dabei herunterfällt, lässt sich die Eidechse ebenfalls hinunterfallen und ‚ploink' schlägt sie, mit dem Rücken nach oben, unten am Kies wieder auf.

‚Oh mein Gott', denke ich, ‚hoffentlich ist ihr nichts passiert!' Doch sie isst ‚fröhlich' einen Teil der riesigen Beere, die größer als ihr Kopf ist, und huscht danach wieder Richtung Palme davon.

Es dauert nicht lange, da kommt sie schon wieder und das Schauspiel beginnt von Neuem. Doch als sie näher kommt, bemerke ich, dass diese Eidechse kleiner ist als die erste und dann taucht noch eine dritte auf.

Während des Beobachtens der Eidechsen habe ich gar nicht bemerkt, dass die Sonne gewandert ist und ich mittlerweile in der prallen Sonne sitze. Für den ersten Tag ist es sicher besser, wenn ich mich in der Mittagszeit im Schatten aufhalte.

Ich gehe zurück in die Sommerküche, hole mir die letzte Flasche Wasser aus dem Kühlschrank – ich sollte wirklich einkaufen fahren, doch dazu kann ich mich noch nicht aufraffen . . . ich habe ja noch Zeit, die Geschäft im Süden haben im Sommer ja bis 20.00 offen – und suche mir ein schattiges Plätzchen zwischen zwei Olivenbäumen. Ich creme mich vorsorglich ein und lege mich in meine Hängematte. Mein Blick wandert hinauf in den Himmel, der von silbergrünen Olivenblättern, von der Sonne beschienen, glitzernd unterbrochen wird.

Mein Blick folgt den Olivenblättern, ich beobachte die unterschiedlichen Stämme der Olivenbäume und vergesse mich darin, bis ich von einem ‚Pferdegeschnaube' aus meinen Tagträumen gerissen werde. Ich sehe einen Bauern mit seinem Pferd auf das Feld, hinter dem Olivenhain, stapfen. Er pflockt das Pferd mitten am Feld an, damit es grasen kann und geht. Gesehen haben sie mich wohl nicht. Mein Blick wandert zum Pferd und ich überlege mir, wie spät es wohl sei. Ich suche meine Uhr und stelle fest, dass es bereits 15.00 ist. Hunger habe ich auch und an ein Pranzo – Mittagessen – ist um diese Zeit nicht mehr zu denken.

Ich schäle mich aus meiner Hängematte und erkunde das Grundstück. Ich gehe zu den zwei etwas verfallenen kleinen Bauten, die bei näherer Betrachtung wie ein ehemaliger Stall und ein nicht mehr benutzter Steinofen aussehen. Daneben steht ein Feigenbaum mit leider noch unreifen Feigen und angelehnt an der anderen Seite des ehemaligen Backofens wächst ein alter Ringlottenbaum. Diese Früchte sehen reif aus und ich pflücke mir einige. Mh, sind die gut! Wie früher in unserem Garten in Pfaffstätten, da hatten wir auch so einen alten Kriacherlbam, wie er bei uns genannt wird. Genial, diese Süße, doch umso mehr man hineinbeißt, umso saurer wird's. Sehr erfrischend!

Na gut, hilft ja nix, einkaufen ist angesagt und ein bisschen die Gegend erforschen.

Ich schlüpfe in ein Sommerkleid und Sandalen und parke das Auto auf der schmalen Schotterstraße vor dem Haus, schließe das Tor und fahre los. Als ich gestern das Haus suchte, bin ich im nächstgrößeren Ort bei einem Conad-Supermarkt vorbeigefahren, den werde ich einmal auskundschaften. Als ich am gegenüberliegenden Feld vorbeifahre, bemerke ich die Schafherde, die gestern Abend und heute immer wieder geblökt hat und sehe, dass sie mit Honig- und Wassermelonen gefüttert werden. Sie sehen neugierig zu mir her, als ich langsam vorbeifahre, muss ich schmunzeln. Sie sehen mich mit diesem meines Erachtens typischen Blick aus Langeweile, Zufriedenheit und Interesse an, doch diese Schafe haben noch dazu orange und rote Schnauzen! Das sieht unglaublich komisch aus, und als ob sie es gespürt hätten, dass ich sie belustigt ansehe, blöken sie mich an – quasi: ‚Was is, hast leicht noch nie Melonenschafe g'sehn?' Ich entschuldige mich gedanklich und sage, ‚Nein, ihr seid die Ersten und ihr seht einfach wunderbar genial aus!'

Ich fahre durch eine Pinienallee und die Straße hat von den Wurzeln der Bäume teilweise Erhebungen und Einbuchtungen. Es riecht unbeschreiblich nach warmem Harz und nach ‚Bockerl' und die Hitze ist durch die Vorderscheibe spürbar. Ich liebe Alleen und finde es schade, dass es immer weniger davon gibt. Es waren natürliche Schattenspender, bevor unsere Autos Klimaanlagen hatten. Ich schalte meine aus, lasse die Fenster herunter, öffne das Schiebedach und genieße den heißen Fahrtwind.

Beim Supermarkt angekommen bin ich froh, dass ich heute viel später losgefahren bin. Früher am Tag wäre ich nicht eingestellt gewesen auf holländische, deutsche, Schweizer und österreichische Touristen. Zum Glück sind ebenfalls genügend Italiener im Supermarkt, sodass sich alles zu einer etwas entspannteren Masse vermengt. Im Supermarkt bekomme ich vorerst alles, was ich beim ersten Großeinkauf suche, neben erntefrischem Gemüse auch frische Zucchiniblüten – sehr zum Leidwesen der kleinen Gemüsemärkte! Die kleineren Geschäfte und Märkte werden bei der zweiten Erkundung miteinbezogen. Ich finde alles, was ich zum Starten brauche und natürlich viel mehr, schaffe es, mit meinem rudimentären Italienisch zu zahlen und werde mit einem Lächeln und einem herzlichen ‚Grazie e arrivederci' verabschiedet . . . viel weniger

stressig als bei uns an den Supermarktkassen –
danke dafür!

Ich mache mich auf den Heimweg, die Melonenschafe begrüßen mich, ich parke das Auto am
Grundstück der ‚Case Vigne', so heißt das gemietete Haus.

In der Toskana haben alle Häuser Namen, das ist
ganz wichtig!

Ich verstaue meine Schätze in der Sommerküche
und werde dabei von einem Gecko beobachtet. Als
er bemerkt, dass ich ihn bemerkt habe, huscht er in
eine Ritze und ist verschwunden. Ich sage ihm gedanklich, dass es gut ist zu wissen, dass er da ist.

Ich mache mir einen Tomaten-Mozzarella-Salat mit
einem wunderbar riechenden Basilikum, reifen duf-
tenden Tomaten und einem Buffola, der zum Dahin-
schmelzen ist.

Dazu trinke ich einen Aperol Spritz und da es um mittlerweile 18 Uhr immer noch angenehme 26 Grad hat, beschließe ich ans Meer zu fahren.

In der Maremma südlich von Cecina bis Grosseto gibt es direkt am Meer zwei Naturschutzgebiete. Man findet dort weder Hotelburgen noch große Verbauungen.

Liegen mit Schirm erhält man abschnittsweise kostenpflichtig und dazwischen gibt es freie Strände. Es geht immer ein angenehmer Wind und hinter dem Strand sind Pinienwälder. Ich wandere mit meiner Reisehängematte den Strand entlang, bis ich zwei Pinien finde, die ideal sind, um dazwischen die Hängematte aufzuhängen und ich einen genialen Blick auf den leeren Strand und das Meer habe. Die Sonne steht schon recht tief und das Meer hat wieder dieses einzigartige Glitzern. Vereinzelt spazieren Menschen plaudernd am Strand entlang, afrikanische Verkäufer bieten ihre Waren an, alle sind dabei sehr unaufgeregt. Und je tiefer die Sonne steht, umso mehr kehrt Ruhe ein. Als sie dann das Meer berührt, bin ich bis auf ein italienisches Ehepaar alleine. Ich sitze mittlerweile auf einem angeschwemmten Baumstamm, da es mir im Schatten zu kalt wurde. Jetzt ist die Sonne herrlich warm und weich, sie bettet sich zur Ruhe, um morgen wieder in ihrer ganzen Herrlichkeit, Stärke und Klarheit aufzugehen. Man sieht bereits den ersten Stern und langsam packe ich meine Sachen zusammen, spaziere durch den Pinienwald zurück zu meinem Auto, begegne dabei einem italienischen Paar – ‚wie schick die Italiener gekleidet sind', denke ich – sie machen einen Abendspaziergang mit ihrem Hund und grüßen mich mit einem herzlichen Buonasera. Ich mag' die Italiener, so lebhaft sie sein können, ebenso sind sie entspannt und höflich. Wie es eben gerade kommt. Aus dem Moment und der Situation heraus. Im Hier und Jetzt.

Mein erster Tag geht zu Ende und da ich morgen zu schreiben beginnen werde und darum nichts Großartiges unternehme, mache ich noch eine Entdeckungsfahrt in den nahegelegenen Ort direkt am Meer, San Vincenzo. Das Centro findet man ja bekanntlich in jeder Stadt und in jedem Ort. Ich suche sicherheitshalber ein Parkhaus, das zufällig genau beim Yachthafen liegt. Der Yachthafen ist sicher erst vor Kurzem neu gestaltet worden, da er sehr modern wirkt. Es reiht sich hinter den friedlich schaukelnden Booten eine Bar neben die andere. Und jede spielt ihre eigene Musik.

Super, ich bin genau zur Aperitivo-Zeit hier! Du bestellst ein Glas von irgendwas, drinnen neben der Bar ist ein kleines Buffet aufgebaut mit Knabbereien, Oliven, Wurst, Käse, Nudelsalat, . . . und du kannst dir alles holen, was dir schmeckt. Die Kellner sind fast enttäuscht, wenn man nur ein ‚bissi‘ nimmt . . .

Nach diesem genialen Aperitivo gehe ich in die Innenstadt von San Vincenzo und suche nach einer Osteria, wo keine Touristen sitzen. Ich frage in einem Geschäft nach und die Verkäuferin beschreibt mir den Weg zu einer in der Nähe. Mittlerweile ist es kurz nach 21.00 Uhr und als ich den Geschäftsführer frage, ob ich noch etwas zu essen bekommen könnte, sagt er bestimmt und lächelt dabei freudig: ‚Certo Signora! Una tavola per una persona subito, venga con me!' Habe ich schon gesagt, dass ich die Italiener mag – sehr sogar? Und nach dem Essen und dem genialen Wein, bin ich für immer mit ihnen verbunden. Ich weiß schon, dass man nicht immer und überall auf diese Liebenswürdigkeit und so ein wunderbares Essen in Kombination mit genialen Weinen trifft. Ich habe mich einfach führen lassen und das Leben hat mich beschenkt. Wie heißt es so schön, ‚es ist nicht alles Gold was glänzt', das vielleicht nicht immer, doch heute war für mich ein goldener Tag! Sich einfach im Vertrauen treiben lassen in dem Vertrauen, dass das Richtige passiert. Im Hier und Jetzt völlig ungeplant. Die Intuition hat das Denken abgelöst und das Universum richtet sich danach aus.

Die Entdeckung des eigenen Traumes

Am nächsten Tag schreibe ich nach einem gemütlichen Kaffee auf der Terrasse und der Beobachtung der Eidechsen. Das Fernsehen findet hier live statt – man taucht ganz tief in die Natur ein und nimmt die kleinen Dinge wieder wahr. Das ist die beste Meditation überhaupt – sitzen und schauen.

Zu Beginn ist das Schreiben komisch und mir will auch nix einfallen, doch mit der Zeit, wenn man einfach schreibt, ohne darüber nachzudenken, dass man schreibt, kommen auf einmal Ideen, Sätze, Gedanken und Bilder. Ich habe mir vorgenommen, zumindest eine Stunde jeden zweiten Tag zu schreiben und wenn ich im Fluss bin, darf es ruhig mehr sein.

Am ersten Tag schaffe ich zuerst eine halbe Stunde, dann mache ich Pause und danach vergeht die Zeit und eineinhalb Stunden sind um . . .

Und mit jedem zweiten Tag ist es anders. Wenn ich gar nicht weiterkomme, dann lese ich oder spaziere am Grundstück. Ich ärgere mich nicht, denn das, was kommt, kommt . . . und es macht Spaß. Weg von diesen alten Mustern und Zwängen der Kindheit.

Wie heißt es im Tao: ‚Sei das Schreiben, dann schreibt es aus dir, denk' nicht, dass du schreibst, sonst bist du im Kopf.'

Es ist eine wunderbare Übung, den inneren Kritiker auf Urlaub zu schicken. Ihn durch die Kastanienwälder zu den heißen Quellen wandern zu lassen und ihn dort sich selbst vergessen lassen. Ich weiß noch nicht, was und ob das Geschriebene ‚etwas wird', doch es erfüllt mich und der Rhythmus, dass ich einen Tag schreibe und einen Tag etwas unternehme, ist wunderbar für mich. Ich falle mit jedem weiteren Tag mehr in mich zurück und vergesse jegliche Zeit.

Und so entdecke ich Tag um Tag etwas Neues in mir und in der toskanischen Landschaft. Ein gemeinsames Schwingen mit allem passiert.

Es wird noch ‚goldener'

Meine Hausvermieter haben mir den einsamen Steinstrand unterhalb von Populonia empfohlen. Einsam deshalb, weil man zwanzig Minuten durch einen Eichen- und Pinienwald zum Strand wandert. In der Gegend nördlich von Piombino sind durchwegs Steilküsten und dementsprechend steil ist der Weg. Zu meinem Glück, denn die Italiener mit ihren Kühltaschen, Schirmen, Strandsesselchen und ihren Kindern mit Spielzeug bestückt biegen nach rechts ab, wo ein weniger steiler Weg von einem staubigen Parkplatz zum eher überlaufenen Strand führt.

Ich biege, wie mir erklärt wurde, nach links weg. Ich habe Wasser, eine aufblasbare Liegematte und einige Früchte dabei. Das alles und ein Handtuch trage ich in einem kleinen Rucksack – weniger ist mehr.

Eidechsen begegnen mir beim Abstieg und ich bin doch froh, dass ich meine Turnschuhe angezogen habe. Der Weg schlängelt sich hinunter und bei einigen Biegungen öffnet sich der Blätterwald, um mir eine atemberaubende Aussicht zu präsentieren!

Ich bin wieder erst am frühen Nachmittag unterwegs, da ich die Mittagshitze, so gut es geht, meide.

Als ich unten in der Bucht ankomme, glitzert das Meer schon von der Nachmittagssonne. Alles ist wieder mit diesem einmaligen silberweichen Licht umhüllt. Es bewirkt in mir immer wieder aufs Neue ein inniges Wohlgefühl, wenn ich das sehe. Ich finde einen zum Meer hin schrägen langen Stein, blase meine Matte auf, lege mein dünnes Strandtuch darauf, setzte mich und freue mich über die menschenlose Ruhe und die Musik des Meeres. Alles ist friedlich und leicht.

Nach einiger Zeit, ich bin schon im Bikini, suche ich mir bei den Felsen einen Einstieg ins Meer, achte darauf, auf keinen Seeigel zu steigen und gleite in das angenehme Nass. Ich schwimme eine Weile hinaus aufs Meer und dann drehe ich mich um, um die Küste in ihrer Gesamtheit wahrzunehmen. Wie grün und gleichzeitig zerklüftet! Auch entdecke ich in manchen Felsen ,Gesichter'.

Ich schwimme dann langsam wieder zurück zu meiner Einstiegsstelle, klettere vorsichtig hinaus und lege mich nass in die Sonne. Ah – herrlich!

Viele meiner Freunde sind ja nicht die einsamen ,Strandler', ihnen ist es viel wichtiger, erste Reihe fußfrei zu liegen mit Liege, Schirm und die Bar nicht weit entfernt.

Ja okay, für ein, zwei Tage ist das auch einmal gut, doch ich fühle mich wohler so – einfach und simpel.

Ich genieße das warme Meer und die schon etwas abgekühlte Luft, den Wind, der die Hitze des Tages davonträgt. Ich liege auf der schrägen Steinplatte auf meiner Matte und beobachte die Nachmittagssonne, die sich langsam für den Sonnenuntergang vorbereitet. ,Il tramonto', was für ein schönes Wort dafür! Das Meer spielt mit den Kieselsteinen und die Stille vermischt sich mit dem Meeresrauschen – es ist wunderbar.

Einfach aufs Meer hinausblicken können, ist eine Meditation und Reinigung für sich.

Mittlerweile ist es 20.00 Uhr und ich verspüre etwas Hunger. Ich packe langsam zusammen und wandere den Weg zurück Richtung Parkplatz. Auch jetzt eröffnen sich bei den Wegbiegungen zum Meer hin atemraubende Ausblicke! Umso näher ich zum Parkplatz komme, desto klarer höre ich Livemusik. Bei meinem Auto angekommen, möchte ich die Bar oder das Restaurant finden, wo die Musik herkommt. Es scheint, als käme sie von der Festung oberhalb. Also fahre ich der Musik nach und als ich bei der Festung angekommen bin, sehe ich in einem Garten vor der Festungsmauer schon die Bühne. Ich parke mein Auto auf dem öffentlichen Parkplatz davor und schlendere zur ‚Aperitivobar'. Ich bestelle einen Aperol Spritz und Wasser und bekomme, dieses Mal gibt es kein Buffet, einen kleinen Vorspeistenteller dazu. Herrlich! Ich beobachte die Menschen, die in einer entspannten Ausgelassenheit ihre Aperitivi einnehmen und dann nacheinander ins Restaurant hinüberwechseln, um zu essen. Weitere Gäste kommen, das Abendlicht taucht alles in eine gewisse Unwirklichkeit, es wirkt fast wie in einem Traum. Langsam lehrt sich der Giardino und mein Hunger ist nach der Vorspeise gestillt. Ich schlendere Richtung Parkplatz und entdecke, dass am Ende der Parkplatz mit einem Holzzaun zwar zur Seilküste hin abgetrennt ist, doch dahinter befindet sich noch ein kleiner Picknickplatz, auf dem Menschen der unterschiedlichsten Nationalitäten und verschiedenen Alters friedlich den Sonnenuntergang beobachten. Ich stelle mich dazu. Es ist auch heute wieder ein aufs Neue erhebender und berührender Moment für mich, wenn die Sonne das

Meer berührt. Das spürt man auch bei den anderen ‚Sonnenuntergangsanbetern'. Es kommt mir so vor, als stünde für einen Moment alles still. Als würde die Welt, das Universum und wir als Beobachter die Luft anhalten. Als würden wir der Sonne helfen wollen, richtig auf das Meer zu treffen. Wenn sie dann einmal das Wasser berührt hat, ist es wie ein großes Ausatmen und es geht alles ganz schnell. Dann ist sie untergetaucht und es kehrt wieder Ruhe ein, das Licht danach und das Strahlen sind dann wieder in die Langsamkeit getaucht. Als wäre es ganz wichtig für die Sonne, dass sie im richtigen Moment im richtigen Winkel die Wasseroberfläche berührt. Es ist jedes Mal eine Inszenierung, die ein Schauspiel vorgaukelt, welches die Fantasie anregt und ein Gefühl von Loslassen in mir erzeugt. Die Sonne geht, der Mond kommt. Nichts steht still. In mir nicht und um mich nicht und alles ist ein Teil von allem. In diesen Momenten geht immer ein Stück von mir mit unter und ein anderes Stück von mir erwacht. Diese beiden Stücke treffen sich nur kurz, wenn die Sonne das Meer berührt. Früher war ich wehmütig und etwas melancholisch, wenn die Sonne unterging. Es war fast wie ein kleines Sterben in mir. Heute spüre ich in mir ‚Morgen ist ein Neuanfang'. Alles kann sich über Nacht beruhigen, überschlafen und morgen beginnt alles von Neuem.

Und auch wenn das alles ein großartiges Fantasiekonstrukt ist. Ist es nicht das, was eine gute Geschichte ausmacht? Die Fantasie und die Freiheit zu träumen und aus dieser Muße, aus dem quasi NICHTS, etwas ganz Neues zu schaffen?

Neue Ideen, neue Träume, während man mit offenem Herzen sitzt und staunt.

Langsam finde ich wieder zurück in meinen Körper und bin auch wieder fähig, nach Hause zu fahren. Nach Hause – dazu gibt es viele Erklärungen. Ja es stimmt, ich fühle mich in der Maremma und ihren Menschen sehr zu Hause und angekommen. Angekommen, wo? Was ist dieses Ankommen genau?

In meiner Vorstellung suche ich mir hier ein Steinhaus mit Blick aufs Meer. Arbeite und schreibe und lebe mit diesem Land. Natürlich gibt es hier quasi zwei Maremmas. Die Orte direkt am Meer, wo die Italiener urlauben, wo die Touristen aus anderen Ländern noch in homöopathischen Dosen auftreten. Die bekannten, im Sommer überlaufenen Orte wie Siena, Volterra, San Gimignano, Florenz.

Und dann gibt es die kleinen mittelalterlichen Dörfer, die auf ihren Hügeln thronen, die du von unten bestaunst und wenn du dort bist, die Aussicht genießt und die auch in der Hochsaison nicht überfüllt sind. Die Italiener, die hier leben, wecken meine Wurzeln. Sie haben immer viel Arbeit und die Krise in Italien ist spürbar und doch tragen sie ihr HERZliches Lächeln vor sich her und sie begrüßen dich, als würde man sich schon ewig kennen. Nicht oberflächlich, sondern aus einer aufrichtigen Freude. Sie lieben Menschen und das zeigen sie dir auch. Und das, was sie tun, möchten sie gut machen.

In dieser Wahrhaftigkeit bin ich angekommen. Das bringt mein Schreiben in Bewegung und die Kreativität schlägt Luftsprünge. Ich kenne dieses Gefühl aus meiner Kindheit im Waldviertel oder von den Hochsommern in Baden. In der Fadesse liegt die Tiefe, liegt das Spüren, das Sich-mit-allem-verbinden, Sich-auf-alles-einlassen-können.

Das ist es, was ich leben möchte, was ich in meine Arbeit einfließen lassen möchte. Diese erdige, ehrliche Wahrhaftigkeit. Das ist es, was ich den Menschen mit meiner Arbeit, meinen Geschichten, und anderem zeigen möchte und näherbringen möchte. Ob sie es annehmen, liegt bei ihnen. Es ist einfach ein Angebot.

Das innere Zuhause / Das Mehr vom Meer

Es geht nicht darum, im ersten Schritt das richtige Haus zu finden. Es geht darum, hier zu leben, mit den Menschen in dieser Landschaft, mit dieser Energie. Natürlich geht es auch darum, ein finanzielles Auskommen zu haben. Deshalb ist es, meiner Meinung nach, wichtig, dem eigenen Flow/Weg/Ziel eine Richtung zu geben aus einem tiefen inneren JA zu sich, seiner Intuition, seinem Bauchgefühl, wie auch immer man das nennen möchte. In jedem Fall aus dem tiefen Gefühl heraus, es einfach tun zu können, das Gehirn ist dabei außen vor, damit sich alles auf dieses Ziel/diesen Weg ausrichten kann. Dann beginnt sich das Leben und die eigene Wahrnehmung davon in diese Richtung zu bewegen.

Menschen treten in dein Leben, die dich weiterführen, dich unterstützen, ein Stück des Weges oder länger mit dir gehen. Vielleicht verlierst du dein großes Ziel zwischenzeitlich aus den Augen, doch es ist immer in deinem Herzen. Sei keine Bulldogge, die sich festbeißt, lass' die Dinge geschehen und erkenne den richtigen Zeitpunkt, um den Kompass etwas neu einschwingen zu lassen. Höre den Menschen zu und auf das, was sie dir mitteilen, meist steckt eine Botschaft dahinter. Sei mutig, sei Du und wenn dich jemand auf seinen Weg ziehen will, dann sei vorsichtig. Diese Menschen möchten ganz oft, dass du ihnen hilfst, ihren Weg zu gehen. Du kannst auf deinem Weg neben ihnen hergehen, doch du kannst und sollst ihnen nicht ihr Licht sein. Sei dein Licht und dein Weg und vielleicht hilft das anderen, ihr Licht zu finden und damit ihren Weg.

Die Menschen, die dich erheben, durch die du näher zu dir kommst und dich in deiner Klarheit unterstützen, die sind die wahren Unterstützer. Die anderen, die dich für ihre Zwecke und Träume benutzen, die lass' gehen. Oft gibt es Täuschungen, doch wichtig ist, den Unterschied zwischen Liebe und Täuschung zu erkennen. Die Liebe trägt dich, die Täuschung bindet sich an dich. Die Liebe ist Freiheit, die Täuschung ist Wunschdenken aus einem zu wenig an Vertrauen in dich selbst.

Du bringst die Menschen in dein Leben, du materialisierst sie. Es ist deine Verantwortung und du hast immer die Möglichkeit, für dich den Kurs zu ändern.

Aus der Dualität[1] zum Eins sein

Es geht nicht darum, das Haus finden zu müssen. Ich lebe schon am Meer – in meinem Mee(h)r, in meiner inneren Landschaft – in meinem inneren Zuhause, meinem inneren Steinhaus.

In tiefer Liebe, Klarheit und Vertrauen in sich zu stehen – in sich zu sein –, das ist der Weg aus dem ‚Bei sich sein' zum ‚In sich sein'!

Und falls es sein soll, dass ich hier in der Maremma ein Steinhaus finden soll, dann seid ihr die ersten, die es erfahren

---

[1] Eine Erklärung aus der Mathematik: Eigenschaft zweier geometrischer Gebilde, die es gestattet, aus Kenntnissen über das eine Sätze über das andere abzuleiten

4. Kapitel – *Luft*
Das, was alles mit allem verbindet

Danke euch AuftaucherInnen – WegbegleiterInnen – BestätigerInnen – UnterstützerInnen – Weiterbringerinnen – IdeenverfestigerInnen – positiv kritische MitgeherInnen und auch euch NichtversteherInnen – AngstüberstülperInnen

‚Mit Sicherheit werden wir uns selbst ausrotten, falls wir unser Verhalten nicht befriedigender gestalten. Doch – wie wir die Welt erfahren, so handeln wir. Wir sind nicht einmal fähig, unser Verhalten am Rande des Abgrunds adäquat zu bedenken. Doch – wir bedenken weniger als wir wissen; wir wissen weniger als wir lieben; wir lieben sehr viel weniger als es gibt. Um genau so viel sind wir weniger, als wir sind. Jedes Kind ist ein neues Wesen, ein potenzieller Prophet, gestürzt in die Dunkelheit. Wer sind

wir, dass wir sagen können, es gebe keine Hoffnung mehr.'

Zitat Ronald D. Laing aus dem Buch: Phänomene der Erfahrung

Die Kreativität die eigenen Träume gedanklich durchzuspielen, heißt für mich den Traum vor sich hinzustellen, ihn sich in den vielfältigsten Farben auszumalen, ihn zu schmecken und zu riechen. Ihn damit in mir im Hier und Jetzt zum Leben erwecken und dahingehend eine klare Entscheidung für diesen Traum zu treffen. Wenn das einmal so richtig und mit allen ans Licht gebrachten eigenen integrierten ‚Dunkelheiten' geschieht, dann ist das wie diese klare Entscheidung, wie die entscheidende Information der ganz persönlichen Schatzkarte und der Weg zum Schatz bedingt sich daraus.

Dann bist du dein Traum und ‚hechelst' ihm nicht hinterher, nein, jeder Schritt ist für deinen Traum und schon damit Erfüllung. Verinnerlicht in jeder Zelle und Faser deines Körpers bereits zum Leben erweckt. Dein Herz ist offen und weit, keine Mauern schränken den Blick ein, ob nach innen oder nach außen.

Wenn man sich vorstellt, dass das Herz das erste entwickelte Organ ist[2] und eigene Gehirnzellen beinhaltet, dann bekommt der Satz: ‚Man sieht nur mit dem Herzen gut' aus dem Buch *Der Kleine Prinz* von Antoine de Saint-Exupéry eine ganz andere Bedeutung.

Ich liebe auch dieses Bild der Indianer, die sagen: ‚Ja, du hast ein Gehirn, doch das ist eingepackt in einen harten Knochen und dann hast du ein Herz, mit dem dein Gehirn ebenso denken kann, uneingeschränkt und grenzenlos.' Das ist für mich so ein

---

[2] *Aus dem Herzen leben (Verständigung ohne Worte, Schöpfung jenseits der Polarität), von Drunvalo Melchizedek, Koha Verlag*

wunderbares Bild, wie sich das Herz unendlich aus-
breitet!

Wie lange wollen wir noch aus Angst, Vorurteilen,
der sogenannten ‚guten Erziehung' – die Liste der
‚Ausreden' ist lang – in unserem eigenen Leben
Kompromisse leben und uns dabei einreden, wie
wunderbar wir nicht sind? Wie wir uns für andere
engagieren? How much we care!

Ich für meinen Teil versuche diese ‚Fallen' des ‚
Sich-gebraucht-fühlens' immer schneller zu durch-
schauen. Nicht weil ich mich für andere einsetze
und aufopfere, bin ich liebenswert und habe mir
Achtung verdient.

Die Idee ist nicht, zuerst für den Anderen eine Erwartungshaltung zu erfüllen und dann meine Strei-
cheleinheiten, Zuneigung, Sex, usw. als Gegenleis-
tung zu erhalten.

Dieses Muster darf wahrlich unterbrochen werden, z. B. dadurch: ‚Du bist liebenswert, weil du bist.' Du BIST! Das ist alles, was es braucht. Alles andere ist Erfüllung und Bestätigung von außen.

Die Selbstannahme mit allen Licht- und Schattenseiten führt zur bedingungslosen Selbstliebe.

Bei diesem Prozess hört man auf, sich mit anderen zu vergleichen und es ist auch nicht mehr wichtig, dass ich von jemandem gelobt und geliebt werde.

Ich tue meine Dinge aus meiner Liebe und tiefen Überzeugung heraus und erfreue mich an diesem Tun. Wenn daraus eine von außen kommende positive Reaktion meine Freude verstärkt, dann sublimiert sie einfach mein inneres Gefühl und das ist wunderbar für das Außen und mich. Doch ich bin von dieser Reaktion nicht mehr abhängig. Das ist, meiner Meinung nach, Freiheit pur!

Als ich das erkannt hatte und begann zu verinnerlichen, erfüllte mich einerseits eine tiefe Entspannung und es stieg andererseits eine tiefe Angst in mir auf: ‚Wenn ich nicht mehr einschätzbar bin, nicht mehr berechenbar aus der Sicht der anderen, dem Gegenüber nicht mehr seine Erwartungshaltung erfülle, dann bin ich ja unangepasst! Ich passe ja dann nicht mehr in die Schublade hinein, die ein anderer für mich ausgewählt hat und schon gar nicht in meine eigens erstellte! Dann setzte das Kopfdenken ein und zeigt mir z. B. das Bild, dass ich dann einsam und alleine sterben werde. Doch, halt! Diese Angst ist nicht real. Worum geht es denn wirklich – ganz ursprünglich?

Geht es denn nicht darum, die Energien und Kräfte zu leben aus unserem Innersten heraus, die wir z. B. hatten, als wir als Kind gefragt wurden: ‚Na, was wirst du denn einmal, wenn du groß bist?' Was haben Sie damals geantwortet?

Ich zum Beispiel sagte: ‚Primaballerina' und dann sah ich ein unterdrücktes Lachen, ein auf die Stirn geschriebenes ‚Geh' bitte! Einbildung ist auch eine Bildung!'

Als ich dann meine Meinung änderte und Feuerwehrmann wie Grisu werden wollte, dann hieß es: ‚Das Kind sieht zu viel Zeichentrick!'

Mein dritter Berufswunsch war Sheriff und da kam natürlich als Antwort: ‚Du bist doch ein Mädchen!'

Danke für die damaligen FreidenkerInnen und UnterstützerInnen, die sagten: ‚Geniale Idee!' Die mit mir lachten und scherzten und mich ernst nahmen, sodass ich mein Urvertrauen nicht ganz verlor.

Diese TraumentwicklungshelferInnen, die immer wieder in unser Leben treten, meist für dein bewusstes Sein ganz plötzlich und unvorbereitet, doch völlig zur rechten Zeit für dein unterbewusstes Sein. Sie können wunderbar hilfreich sein!

Man könnte sogar so weit gehen, dass alles, was dir begegnet, niemals ohne Grund in dein Leben kommt. Manchmal sind diese Begegnungen nur für einen kurzen Augenblick, um dir in diesem Moment etwas aufzuzeigen oder eben auch länger oder sogar wiederkehrend. Die Personen mögen sich verändern, doch der Spiegel und die Lernerfahrung, die dahintersteht nicht. Diese tritt erst dann zur Gänze von deiner inneren Bühne ab, wenn du den Knoten bis auf den kleinsten Faden gelöst hast.

Wir kennen, glaube ich, alle diese Begegnungen. Mir war lange nicht bewusst, dass ich es selbst bin, die diese Geschehnisse in mein eigenes Leben schreibe, sozusagen hineininszeniere in den eigenen Film. Einfach weil dieser Spiegel für die Entwicklung wichtig ist.

Ich nehme sicher noch nicht alle noch so kleinen Situationen und Begegnungen so bewusst war wie ich könnte, doch spüre ich, dass durch dieses immer stärkere, klarere und bewusstere In-mir-sein eine ganz neue Achtsamkeit ermöglicht wird und ich dadurch, wie der Mann vom Mars, immer feinere

Antennen für das Außen und mein Inneres entwickle.

Dazu gehört für mich auch das eigene Tempo. Jeder soll bitte sein eigenes Entwicklungstempo haben dürfen. Und wie sich Entwicklung bei der jeweiligen Person zeigt, wie wir zu ‚Selbst-Traumerfüllern werden' und wann für uns ein Traum erfüllt ist, liegt ganz alleine in unserem Ermessen. Auch das Stillsitzen und Schauen ist in der bewussten Ausführung schon ein bewegter Zustand.

‚Trägt es Eier ist es maskulin. Gibt es Milch, ist's sicher feminin. Ausnahmen sind! Merke dir genau: Der Milchmann und die Eierfrau!!!'

Zitatquelle: GEA Album Nummer 80

Das eigene Ziel

Und natürlich ist es wichtig, ein Ziel zu haben, aber eben nicht aus der Sehnsucht und Flucht in die Zukunft heraus, sondern aus dem Gefühlten, mit dem Herzen Erdachten im Hier und Jetzt Verankerten. Dieses Ziel wird immer aus dem unmittelbaren, aktuellen Hier und Jetzt erneuert, gleich gelassen oder angepasst und nicht stur und verbissen daran festgehalten, weil es halt mal so vereinbart wurde – mit sich oder mit anderen. Das kennen Sie sicher: Alle äußeren und inneren Umstände haben sich bereits verändert und immer noch jagt man regelrecht das schon längst nicht mehr aktuelle Ziel. Das ist dann im wahrsten Sinn dem inneren Esel die Karotte vorhalten. Dann sind wir weder selbstbestimmt noch bei uns selbst, schon gar nicht in der Liebe zu uns und damit auch nicht zu anderen.

In diesem Zustand sind wir rein fremdbestimmt und jagen die eigenen Schatten, irgendwie anstrengend, oder? Ich sehe da immer das Bild vor mir, wie ich mit der Fliegenklatsche Fliegen jage – doch ich gleichzeitig eine Fliege bin, die gejagt wird!

Aber bitte alles ganz easy und entspannt . . .

Und genau das ist es! Wer kennt nicht den Satz: ‚Streng dich an, sonst wird nix aus dir!'

Darf es bitte a bissi mehr sein als Anstrengung? Und darf aus der Liebe heraus das Gefühlte, Erdachte leicht ins Leben gebracht werden?

Was hat uns die Anstrengung über die Jahrhunderte gebracht? Ja, schon, Entwicklung und Wohlstand – für einen bestimmten Teil der Gesellschaft ganz besonders –, doch sind wir deswegen oder, besser gesagt, fühlen wir uns deswegen freier, entspannter, selbstbestimmter und glücklicher?

Carlo Petrini, der Gründer der Slow-Food-Bewegung sieht in der Bewegung eine ‚ausgewachsene Kultur-

revolution' und er sagt: ‚Mögen angemessene Do-
sen gesicherter sinnlicher Freuden und langsamer,
lange währender Genuss uns vor der Krankheit der
Masse bewahren, die Hektik fälschlicherweise für
Tüchtigkeit hält.'

Und in seinem Buch Anleitung zum Müßiggang
schreibt Tom Hodgkinson: ‚Denn was ist Fortschritt?
Clint Eastwoods Prediger in dem Film Pale Rider
fasst die Sache elegant in Worte. Als ihm ein Geld-
sack erzählt, dass eine Gruppe unabhängiger Gold-
gräber, die sich weigert, ihr Land zu räumen, um
seiner Firma Platz zu machen, ‚dem Fortschritt im
Wege steht', fragt Clint schlicht: ‚Deinem oder ih-
rem?'

Ich nehme mich nicht aus, zielstrebig, ehrgeizig,
immer eine Idee im Kopf zu haben, immer in Bewegung zu sein, doch konnte ich mich in den letzten
Jahren so freispielen, dass ich mich rein vor mir
selbst verantworten darf. Wenn ich etwas nicht tue

oder freiwillig tue, dann aus Liebe zu mir und meiner Arbeit und aus tiefer Empathie. Dabei klingt das Paradoxon wie Balsam für meine Seele: ‚Travailler moins, produire plus' (Je weniger man arbeitet, desto mehr produziert man). Ich habe es genau anders herum gemacht und mich dabei immer leerer und abgestorbener gefühlt. Heute bin ich sehr glücklich, dass der frühere Zustand nur noch ganz selten, ja marginal in meinem Leben schwingt.

Für mich passt im Moment der Spruch, abgewandelt zu travailler: ‚Travel more, and work from your heart. Then work becomes pleasure.' (Reise mehr und arbeite aus deinem Herzen, dann ist Arbeit Vergnügen.)

Ja, auch ich denke immer wieder über eine Erweiterung meines Zentrums nach, aber nicht um mehr Arbeit zu haben, sondern eben weniger. Wenn die Arbeit auf mehrere aufgeteilt ist, dann fließt es ja auch mehr und ein wunderbarer Austausch entsteht.

Und genau das ist der Punkt, Zeit zu haben, nach-zudenken, Dinge in Ruhe durchzuspielen, Zeit zum Schreiben zu haben, etwas wirken und entstehen lassen können, Aus der inneren Bewegung die Din-ge geschehen lassen. Bewusst jeden Schritt setzen und dann wieder nachsinnen können, Zeit zu ha-ben, den richtigen Zeitpunkt zu erspüren, warten und erwarten zu können. Muße zu haben, aus der ,Fadesse' die Kreativität entstehen zu lassen.

Das schreibe genau ich, die sicher eine der unge-duldigsten Menschen war und in einigen Bereichen immer noch ist.

In Liebesbeziehungen zum Beispiel, da darf ich noch einiges lernen! Das ist zur Zeit meine ganz persönliche ,Lernspielwiese'. Da waren die letzten Jahre besonders lehrreich, heilsam und intensiv.

Doch habe ich mich niemals als Opfer meiner Umstände gesehen!

Alles ist veränderbar, lernbar und transformierbar. Also habe ich mich meiner tiefsten Einsamkeit gegenüber gesetzt und mit ihr Tee getrunken. Sie war ganz still, doch sicher, dass sie mir überlegen ist. Ich habe sie währenddessen beobachtet. Mich in dem Spiegel der Einsamkeit wiedergefunden und gesehen, was ich alles getan habe, um sie, die Einsamkeit, zu kompensieren. Wie viele Ablenkungen ich zugelassen habe, wie viele Zugeständnisse ich gemacht habe, nur damit ich nicht in diesen Spiegel sehen musste. Ich hatte die bedingungslose Liebe im Außen gesucht und klarerweise nicht gefunden.

Wie Edith Mohrenschildt zu sagen pflegt: ‚Du bist immer in bester Gesellschaft – nämlich in der eigenen.'

Damit ist doch alles gesagt! Erst wenn wir uns mit uns selbst in bester Gesellschaft fühlen, dann sind wir bereit für die bedingungslose Liebe mit einem Partner. Erst dann suchen wir nicht die Symbiose, sondern jeder darf in sich bleiben und gemeinsam erschaffen wir eine neue Welt für uns beide.

Und wenn mich wieder einmal eines der vielen möglichen Angstgefühle in Besitz nehmen möchte, dann lasse ich dieses Gefühl kurz in mir zu, um es dann in mir transformieren oder auflösen zu können und ich die mögliche Lernerfahrung oder den alten Glaubenssatz dahinter erkennen kann. Wie zum Beispiel dieser all time favorite: ‚Das schaffst du nicht'.

Gehen wir mit uns selbst eine Beziehung ein auf allen Ebenen

Gehen wir es an und zähmen wir unsere Schreckgespenster in uns und muten wir diese nicht anderen zu. Seien wir höflich anderen gegenüber und begegnen wir den Menschen generell mit Respekt und Achtsamkeit. Nicht nur weil wir es so gelernt haben, sondern aus unserer innersten Überzeugung und weil wir die Gespenster in uns gebändigt haben und nicht weil wir sie klein halten.

Verwandelte Gespenster bremsen uns nicht in unserer Entwicklung, ganz im Gegenteil sie unterstützen uns. Nur die klein gehaltenen tun das. Die blähen sich einfach unvermutet auf und ,schwupps' wollen sie die Führung übernehmen.

Bildung ist ja, meiner Meinung nach, sowieso relativ. Was habe ich, ehrlich gesagt, von jemandem, der nach unserem Gesellschaftsdenken bis über beide Ohren ‚gebildet' ist und doch keinerlei Herzensbildung erfahren hat.

Mit so jemandem ist doch in Wirklichkeit kein feines Auskommen. Die innere Kälte blitzt demjenigen ja regelrecht aus den Augen heraus, die Wortwahl ist hart, voll von Stereotypen, gelernten und gehörten Phrasen, wie: ‚Na jetzt reiß' dich aber ein bissl zusammen, glaubst wirklich das Leben ist einfach so, wie du dir das wünscht?', blabla, blabla und umtata . . . oft ist auch einiges an der Körperhaltung abzulesen. Es liegt diesem Menschen einfach eine gewisse Steifheit anheim. Ich bin wirklich keine Freundin von Interpretationen, doch hier wage ich diese Deutung ;) Ich wage sie deshalb, weil ich so einen inneren und äußeren Panzer selbst abgelegt habe und die restlichen Teile gerade dabei sind sich aufzulösen, es ist ihnen wohl zu leicht und licht um und in mir.

Ich stelle das jetzt einmal so in den Raum:

Ist es nicht so, dass wir, wenn wir den Weg zu unserm Inneren nicht gehen möchten, im wahrsten Sinn des Wortes, die Aufmerksamkeit im Außen suchen, die Geschäftigkeit uns selbst das Gefühl gibt, wichtig zu sein, ohne uns geht nix – in jedem Fall nicht richtig . . . da bin ich auch ganz lange dringesteckt . . . ich kann alles und weiß alles besser und überhaupt! Was für eine Überheblichkeit und ein schwerer Mangel an Demut, sage ich jetzt im Nachhinein.

Und dennoch, wichtig für mich war, es erlebt und es bemerkt zu haben, eben auch durch Spiegel im Außen, um dadurch mein Verhalten mir gegenüber, ebenso anderen gegenüber änderte und ändere.

Vielleicht ist oder war das bei Ihnen ähnlich oder auch ganz anders. Ich erzähle einfach aus meinem eigenen Universum. Haben wir nicht die verbale Kommunikation auch oder genau deshalb erfunden, um uns selbst und jenen, die möchten, das eigene

Universum näherzubringen, sich dadurch dem anderen vielleicht verständlicher machen zu können, es ihm dabei doch niemals überstülpen zu wollen?

So wie Vera F. Birkenbihl in ihren Vorträgen sagt: 'Ich biete Ihnen hier ein Angebot wie in einem Kaufmannsladen und sie nehmen sich das, was Ihnen gefällt und oder Sie benötigen. Der Rest bleibt im Regal.'

Ist es wichtig, wie es weitergeht?

Endlich ist mir bewusst, was meine Aufgabe im Leben ist und ich habe diesen Auftrag nun angenommen und bin bereit, ihn mit jeder Zelle und Faser meines Seins zu leben. Ich spüre ihn ganz deutlich: ‚Bewusst in meinem Leben zu sein. Im Hier und Jetzt zu sein. Und nicht einmal das bewusst. Einfach zu sein. Ohne zu und einfach: Sein.'

Danke Euch guten Geistern und den Menschen da draußen für unsere kurzen, langen, intensiven und augenöffnenden Gespräche zu diesem Thema. Für die Zeit, für das bewusste Hineinspüren. Ihr habt mir geholfen, meine Angst bei der Hand zu nehmen und mir geholfen, sie gehen zu lassen, einfach weil ich bereit dazu war, mich wieder tiefer einzulassen auf mich, auf eine Liebesbeziehung mit mir.

Und mich wieder zu öffnen für einen Menschen, der mit sich ist, seine eigene Liebe finden möchte oder schon gefunden hat und jetzt mit einer zweiten Person eine gemeinsame Schnittmenge bilden möchte, ohne sich darin zu verlieren.

Die ‚Übungsspielwiese' leben

Ich spüre, dass ich bereits mit vielen ein gemeinsames Miteinander habe und auch wenn wir physisch voneinander getrennt sind, sind wir gefühlsmäßig verbunden.

Solche Verbindungen wachsen auch durch oder gerade deshalb, weil zeitweise jeder an einem anderen Ort ist. Genau das ist ja das Wunderbare, das Freie daran: Unmittelbar in der Liebe sein und gleichzeitig ganz tief bei sich sein in der Liebe zu sich selbst und in der eigenen Unmittelbarkeit.

Das ist eine Liebe, die sich bis in die Unendlichkeit ausdehnt und darüber hinaus.

In solchen freundschaftlichen oder Liebes-Beziehungen ist kein Platz für Eifersucht, Missgunst und Neid. Jeder freut sich über das Sein und das Wachsen des anderen.

Wer mit sich im Klaren ist und seine blinden Flecken annimmt, seine verborgenen Ängste annimmt, kann ja gar nicht anders, als anderen ebenfalls klar und ehrlich gegenüberzutreten.

Fazit: ‚Wenn ich mich liebe, im Hier und Jetzt lebe, mit meinem Umfeld liebevoll umgehe und der richtige Zeitpunkt da ist, dann taucht der Liebespartner ganz selbstverständlich auf, als wäre er immer schon da gewesen.

In der Gegenwart leben

Wenn ich also annehme, dass sich die Zukunft im Hier und Jetzt manifestiert und dabei zur Gegenwart und danach zur Vergangenheit wird, dann existieren im Hier und Jetzt weder Zukunft noch Vergangenheit.

Oder anders gesagt: Alles passiert aus dem Unmittelbaren und damit gleichzeitig. So gesehen, ist das Hier und Jetzt immer richtig, immer unmittelbar, lebensecht, wenn man es zulassen möchte und leben kann.

Denn, ertappen wir uns nicht immer wieder, dass wir die Vergangenheit zelebrieren, die Zukunft herbeisehnen und uns dadurch, geschickt und gekonnt, selber von der eigenen Unmittelbarkeit, also Gegenwart, ablenken?

Ein lieber Bekannter aus der Schweiz, ein Philosoph, meinte: ‚Bei uns allen schlägt das innere Pendel, in dem Glauben bewusst zu sein, einmal stark in die Vergangenheit und danach in die herbeigesehnte Zukunft aus, genau deshalb, weil wir alles andere als bewusst sind. Denn dann stünde es still!' (Nachtrag: Es würde ruhen, still kann ja nicht einmal ein Pendel stehen ;)

Wenn wir das Hier und Jetzt wirklich leben können, ohne Filter, ohne Fluchtversuche, ohne Ablenkungen, dann ist unser Pendel ruhig. Und wenn es doch in Bewegung gebracht wird, dann schwingt es nur noch minimalst zur einen oder anderen Seite.

Es ist wie eine kräuselnde Seeoberfläche, sich leicht bewegend und darunter ist das Wasser des Sees still.

Ich meine damit nicht Stillstand. Denn: Wenn etwas oder jemand in sich ruht, heißt das ja nicht stillstehen, nicht einmal im Tod steht etwas still. Es verändert einfach die Form.

Ich rede auch nicht darüber, im Hier und Jetzt ‚herumzudümpeln' und zu denken, dass alles schon irgendwie von selbst geschieht. Nein, ganz bestimmt nicht! Das Hier und Jetzt ist ein aktiver Prozess, der sehr viel mit Fühlen, Wahrnehmen (vor allem das eigene Innere) und mit einem denkenden Herzen zu tun hat.

Vielleicht denken Sie jetzt, häää, denkendes Herz?

Mögliche Beschreibung: Wenn ich übe mit dem Herzen nicht nur zu sehen, sondern auch zu denken, dann werden meine Entscheidungen immer intuitiver. Kopfhirn und Bauchhirn vereinigen sich mit

dem Herzhirn. Deine Entscheidungen sind ganzheit-
lich und bewusst aus dir heraus.[3]

Falls Sie jetzt denken: uijuijui, das ist mir hier alles viel zu ‚eso'!

Dann empfehle ich Ihnen die *Pragmatische Esoterik. Der kleine Weg zum großen Selbst.* Von Vera F. Birkenbihl, leider schon verstorben. Doch ihre Vorlesungen finden Sie bis heute auf Youtube. Sie beschreibt herzerfrischend klar, fundiert und voller Humor, was Exoterik und Esoterik wirklich bedeuten! Gute Unterhaltung! Ich freue mich über Ihre Eindrücke. ☺

Schreiben Sie mir eine E-Mail, wenn Sie möchten: k.lakics@zentrum-wunderbar.at.

---

[3] *Aus dem Herzen leben (Verständigung ohne Worte, Schöpfung jenseits der Polarität), von Drunvalo Melchizedek, Koha Verlag*

Prolog

Was es ist

Die Geschichte vor der Geschichte

Meiner Meinung nach ist alles und jeder mit allem verbunden und ich glaube nicht, dass wir ein menschlicher Fixstern sind, um den sich alles dreht. Ergo kann ich durch mein unmittelbares Handeln, mein Sein, meine Schwingung, mich, meine Umwelt, die gesamte Welt und die unendlichen Welten im Positiven beeinflussen. Wenn Sie sich fragen, ‚Was versteht sie unter *Schwingung* und was hat das mit dem eigentlichen Leben zu tun?'

Vielleicht hilft Ihnen folgendes Beispiel: Stellen Sie sich bitte einen Kreisel vor, der schräg daliegt. Stellen Sie sich vor, wie Sie den Kreisel mit zwei Fingern aufstellen und ihn mit viel Drehschwung Ihrer Finger in eine hohe Schwingung = Drehung versetzen, so schnell, dass er sich lange dreht und tanzt und die Luft, die um ihn ‚tanzt', erzeugt sogar Töne.

Langsam nimmt seine ‚Schwingung' ab, dann wird seine Masse träger, die Erdanziehung stärker und er eiert, bis er wieder auf der Seite liegt.

Umso schneller Sie den Kreisel zum ‚Schwingen' bringen, umso höher ist die Frequenz und umso länger erfreuen Sie sich an seinem Tanz.

Wenn Sie sich jetzt vorstellen, Sie haben so einen imaginären Kreisel in sich und den bringen Sie in einer hohen und damit positiven Frequenz zum ‚Schwingen' (also er dreht sich schnell) und können durch häufiges ‚Kreiselschwingen' diese Frequenz immer länger halten und/oder erhöhen, dann schwingen nicht einfach nur Sie in dieser Frequenz, sondern diese Schwingung setzt sich fort in die Un-endlichkeit. Jede Schwingung im Außen wird quasi von Ihnen ‚angeschwungen'.

Was für eine wunderbare Vorstellung! Alles schwingt ohne Widerstand positiv durch die Welt

. . . alles schwingt miteinander und doch jeder für sich . . . ich sehe gerade vor meinem inneren Auge Millionen schwingender Kreisel – ein lustiges Bild.

Manche Menschen bekommen von so viel positiver ergo hoher Schwingung Angst . . . weil sie es noch nicht gewohnt sind oder in ihrem Inneren Sätze wie: ‚Das wäre ja zu schön um wahr zu sein.' – ‚Das klingt alles zu einfach' – ‚Das Leben ist harte Arbeit' – ‚Da schwingt nix einfach so herum' . . . oder manche denken sich: ‚Diese Droge möchte ich auch, die Sie nehmen' . . . und dann folgt meistens die Frage:

‚Warum gibt es trotzdem noch so viel Kampf und Missgunst auf dieser Welt, wenn es doch die Möglichkeit der permanent positiven Schwingung gibt?'

Weil es immer noch in allem eine Dualität gibt, also auf die Schwingung bezogen: Es gibt eben positive und negative Anziehung. Positiv und positiv ziehen einander an und negativ und negativ. Positiv und negativ stoßen einander bekanntlich ab. Wir als Menschen versuchen es trotzdem oft, als Positiver den Negativen und umgekehrt auf die eigene Seite zu ziehen, zwar gut gemeint, doch meistens ungefragt und daher unter großer Anstrengung ein ‚Scheiterauftrag' par excellence.

Wäre es nicht viel kräfteschonender im eigenen Körper, wenn man das möchte, seine eigenen negativen Schwingungen in die positiven zu integrieren? Und damit all' seine schwarzen Löcher mit positiver Energie ausleuchtet? Ist schon klar, zuerst müsste man diese auch finden und sie ans Tageslicht befördern wollen. Doch wenn man die erste negative Schwingung integriert hat, dann hat man schon begonnen auszuleuchten und umso kräftiger dieses Licht wird, umso mehr kommen die negativen Widerstände in uns ans Licht und wollen integriert werden. Dann kann man Widerstand um Widerstand integrieren, Schicht um Schicht wie bei einer Zwiebel lösen. Und mit jeder abgetragenen Schicht wird uns leichter um unser Herz und umso durchlässiger fühlen ich mich. Da sich die Widerstände in mir verringert haben.

Ein einfaches Prinzip, in dem alles enthalten sein könnte

Menschen, die sich in einer positiven Schwingung begegnen, ziehen sich folglich an und können die jeweilige und die gemeinsame positive Schwingung verstärken.

Trifft jemand mit einer positiven Schwingung auf jemanden mit einer negativen, so ist die Resonanz für beide nicht stärkend und ich behaupte sogar, für die Person mit der negativen Resonanz ist es sogar anstrengender, muss sie doch gegen die eigene positive und die positive Schwingung des Gegenübers den Widerstand aufrechterhalten, um nur ja nicht in die eigene positive Schwingung zu rutschen. Warum denn nicht?

‚Mag sich denn nicht jeder selbst lieben?'

‚Naja schon, aber das ist doch mit einer ausnahmslosen Innenschau und Selbstannahme verbunden. Brrrr, klingt nach Arbeit ;)'

Ja, es erfordert am Beginn etwas an Übung und Konsequenz –Rückschläge und Scheitern sind jedoch erwünscht und kein Weltuntergang und wie heißt es so schön: ‚Es is no ka G'lernta vom Himmel g'falln.' Wie denn auch, wenn dem so wäre, müssten wir ja gar nicht mehr auf dieser Welt zu Gange sein. Unsere Seele hätten keinen selbstgewählten Lernauftrag und würden ganz gemütlich irgendwo ‚herumwabern'. Eh schön, vielleicht a bisserl fad, so auf Dauer . . . ;)

Aus der Negativität Kraft zu schöpfen ist ungleich aufwändiger, als aus einer positiven Energie heraus. Geht das überhaupt oder docken die negativ Schwingenden nicht von der ‚Maschekseite' bei den positiv Schwingenden an und saugen dort etwas ab?

Das kennen Sie sicher: Sie sind nicht gut drauf und wollen einfach nicht aus diesem Zustand heraus. Denn Sie haben ein Recht darauf, grantig zu sein und jeder und alles um Sie herum müssen das verstehen. Sie wollen jetzt und sofort bemitleidet werden. Her mit dem ‚Ei,ei, armer schwarzer Kater!' Dann kommt jemand noch nicht ganz positiv gepolter und bemitleidet das arme Opfer. Doch was passiert? Der negativ Schwingende holt sich Aufmerksamkeit von seinem fürsorglichen Gegenüber und wenn dieses nicht ganz klar mit sich ist – schwupps, ist es schon einiges seiner positiven Schwingung los, die die negativ schwingende Person abgezogen hat, um ihre Opferhaltung weiter erhalten zu können. Diese Person möchte keinesfalls in die Nähe eines lösungsorientierten Zustandes kommen.

Das ist wie ein Strudel oder eine Negativspirale, die alles nach unten zieht.

Es geht aber auch anders, wenn der positive Schwingende den anderen nicht bemitleidet, sondern ihn aus seiner Opferhaltung mit einem Lächeln oder einem Witz holt. Oder Sie helfen sich selbst, indem Sie zwar verärgert oder schlecht gelaunt sind, doch dann für sich bewusst entscheiden, ‚genug jetzt. Lass' Worten Taten folgen: Diese Schmollerei hilft niemandem und am allerwenigsten mir selbst!'

Eine kurze Szene aus meinem früheren Leben

Ich bin im ‚Ärgermodus'. Dann kommt jemand meines Weges und wagt es, mich einfach mir nichts, dir nichts aus tiefstem Herzen anzulächeln – einfach so.

Da dachte ICH mir früher: ‚Also, was bildet der sich ein (pluster, pluster)! Mich aus meiner ach so tragischen Inszenierung, meiner künstlich erzeugten Starre, wieder in die Bewegung holen zu wollen. Frechheit (pluster, pluster, pluster)! Nicht mit mir! Ich zeige gerade der ganzen Welt mein Drama und der lacht mich einfach an (endloses Geplustere)!'

Und so bleibt man lieber da, wo man ist, und benötigt eine immense Kraftanstrengung, der Versuchung zu widerstehen, wieder in Fluss und damit in die eigene Beweglichkeit auf allen Ebenen zu kommen.

‚Das wäre ja noch schöner! Nein, nein, nein so billig gebe ich mich nicht geschlagen! Ich will aber jetzt wirklich Aufmerksamkeit für mein Leid, also her damit. Ich will dein Lächeln nicht, ich will dein Mitleid.'

Puh, das spürt sich beim Schreiben schon anstrengend an. Wenn ich denke, dass ich diese Mechanismen lange eingesetzt habe, um Aufmerksamkeit auf mich zu lenken. Was bringt's, wem nützt's, außer, vermeintlich, mir. Ich zwinge die Personen in meinem unmittelbaren Umfeld in meine Negativität und kommen mir diese mit Leichtigkeit entgegen, dann nehmen sie mich in meinem Leid doch gar nicht ernst! Hallo! Na sicher nicht! Ich WILL jetzt ernst genommen werden. Klingt ein bisschen nach, Karin 5 Jahre alt, finden Sie nicht?

Das Wunder geschieht

Und wenn wir uns nun vorstellen, dass alles mit allem verbunden ist und wir mit allem in Resonanz, also Schwingung sind, dann beeinflussen wir mit unserer infantilen Negativität, mit unserem erzwungenem Schrei nach Aufmerksamkeit und Liebe die ganze Welt und dazu noch die unendlichen Universen.

Wollen Sie wirklich, dass sich Captain Kirk im Raumschiff Enterprise an seinem morgendlichen ‚Alluniversumsshake' verschluckt? Also, ich nicht!

Unter glücklich, erfüllt, achtsam, liebevoll, eigen-verantwortlich stelle ich mir etwas anderes vor.

Ja, ich höre Ihre Gedanken: ‚Und wie kommt man jetzt dorthin, dass man auf solcherart Inszenierungen verzichten kann?‘

Wie eine Freundin zu sagen pflegt: ‚Wie ist nun dein Tipp des Tages?‘ Kommt schon . . . noch etwas Geduld.

Glücklich sein, wie geht das?

Dieser Wunsch ist tief in uns verankert. Ist doch so. Menschen, die kurz vor ihrem Tod gefragt werden, was sie bereuen, die sagen dann sehr oft: ‚Ich habe alles viel zu ernst genommen. Ich war nie richtig glücklich und unbeschwert. Ich habe viele Chancen, Träume, Wünsche aus Pflichtgefühl, Angst nicht gelebt.‘

Das einzige, das uns in Wahrheit daran hindert und uns vorgaukelt, dass Starrheit sinnvoll ist, sind unser Geist und die drin abgespeicherten Glaubenssätze. Nicht grundsätzlich und ursprünglich, sondern weil wir uns dieses Verhalten einmal wo abgeschaut haben und es uns irgendwann einmal nützlich war. Die Betonung liegt auf IRGENDWANN UND WAR! Also kann man den Geist auch das Glücklichsein, das Im-Fluss-sein das In-Bewegung-sein lehren. Dann hört er auch auf, das Herz und die Seele kontrollieren zu wollen.

Wir programmieren uns einfach neu, löschen die alten Programme, laden uns das leichtere Datenmaterial herunter und schon geht die Reise los! ☺

Denn – Achtung – das Glück und die Leichtigkeit ‚lauern' hinter jeder Ecke. Und springen unerwartet und ungeplant hervor. Doch nicht, weil sie uns erschrecken wollen, ganz im Gegenteil, weil sie mit uns sein wollen, mit uns schwingen und tanzen wollen. ☺

Zum Beispiel in der Person, die uns anlächelt, im Grün der Bäume und durch **Ihren** ganz persönlichen Blick auf die Welt. Ihr tiefstes Inneres möchte Ihren Geist wieder in Bewegung bringen, auch wenn die Situation halt gerade ‚zach' ist, ist dieses Lächeln, das hinter der Ecke hervorlugt, die Drehbewegung Ihrer Finger, die Ihrem inneren Kreisel helfen, wieder in Schwingung zu kommen. Der Widerstand gegen das Positive ist eine Entscheidung, die jede(r) Einzelne(n) für sich trifft.

‚Echte Freundlichkeit und Herzlichkeit ist ja bekanntlich etwas für Weicheier. Diese Menschen haben kein Rückgrat und keinen Mumm! Die kriechen unterm Teppich. Wer zu weich ist, muss härter werden, sonst bricht ihn das Leben.'

‚Hallo, geht's noch?'

Tja, das sind Sätze, die ich so gesagt bekommen habe und ich mir damit eingeredet habe, so sein zu müssen. Cool und unnahbar.

Aus der einfachen Angst heraus, mit einem offenen Herzen durch die Welt zu gehen, sei zu gefährlich.

Denn ja, es wurde verletzt und wie, aber diese Verletzung muss ich nicht wie ein Schutzschild vor mir hertragen. Ganz im Gegenteil, ist es meiner Meinung nach meine Aufgabe, einen Weg zu finden, dass mein Herz wieder heilt und ich dadurch eben wieder mit offenem Herzen durch die Welt gehen kann. Dies erfordert Mut und Liebe zu sich selbst. Auf diesem Weg benötige ich auch nicht mehr die unechte Verbindlichkeit mit Menschen, die oft mit Zuneigung, Freundschaft und Liebe verwechselt wird.

Die wahre Verbindung zu anderen Menschen, die wahre Liebe ist, meiner Meinung nach, nie an eine Abhängigkeit geknüpft. Sondern die Liebe selbst ist die Verknüpfung aus einem Band voller Leichtigkeit,

Achtsamkeit, Glück und Respekt vor dem anderen und vor mir selbst.

In dieser neuen Welt sind Neid, Missgunst, Eifersucht, Beleidigtsein und Inszenierungen,nicht mehr notwendig.

Alles und jeder darf einfach sein, wie es/er ist und das ist gut, jeder ist wunderbar und einzigartig. Jeden Tag, jede Minute, jede Sekunde aufs Neue!

Forscherin im vierten Bildungsweg ;)

Ich weiß, fühle, sehe und spüre wieder mit meinem Herzen, dass alles fließen möchte.

Wenn also meine Durchlässigkeit, mein innerer Fluss, wie ein verstopfter Abfluss ist, ich sie verloren habe und irgendwo in meinem Körper etwas zu stauen beginnt, dann nicht, weil jemand von außen in mir den Stau verursacht hat, nein besser, weil ich es bewusst oder unbewusst zugelassen habe.

Also nenne ich mich ab heute Forscherin der Durchlässigkeit im eigenen Körper und das Buch ist einfach eine Geschichte, die sich daraus geschrieben hat. Es ist eine Geschichte, die zeigt: Lebe deinen Traum, richte deine Segel in den Wind und segle los! Nimm' das Steuerrad wieder selbst in die Hand. Der Polarstern oder das Kreuz des Südens begleiten dich und helfen dir dabei.

Ich wünsche Ihnen, dass Sie Ihren eigenen Fluss finden, der Sie zu Ihrem Mee(h)r führt. Reisen Sie in die unendlichen Weiten Ihres inneren Seins.

Jetzt kommt endlich der Tipp des Tages: Beschäftigen Sie sich in Eigenverantwortung mit sich, übernehmen Sie Verantwortung für Ihr tun. Und wenn Sie spüren, ‚Ich weiß nicht, wie das geht', dann lassen Sie sich helfen. Haben Sie keine Angst darüber zu reden. Sie machen sich dadurch nicht verletzbar. Sie werden offener, Sie können wieder Nähe zulassen – wirkliche Nähe – Sie sind in Kommunikation mit Ihrem Innersten und Heilung darf stattfinden.

Ich kann Ihnen sagen, dass ich bis jetzt keine spannendere Reise erlebt habe.

Sie sind Forscherin, Forscher Ihres Lebens. Entdecken Sie neue Welten, Planeten, Sternensysteme und verbinden Sie sich wieder mit dem Hier und Jetzt, wie jeder Baum, jede Blume, jede Biene, die Wolken es uns täglich vorleben und zeigen.

Lassen Sie Ihre Großartigkeit frei und sperren Sie sie nicht ein in die Untiefen Ihres Körpers. Suchen Sie sich Menschen mit positiver Schwingung, aber halten Sie sie nicht fest. Erfreuen Sie sich daran, dass sie ebenso in einer positiven Schwingung sind wie Sie. Damit löst sich die eigene Dualität[4] und somit die des eigenen und der unendlichen Univer-

---

[4] Alles ist eins. Es gibt kein schwarz/weiß, gut/schlecht, keine Schuld/Unschuld. Alles fließt und erfreut sich an der Leichtigkeit des eigenen Selbst und allem um einen herum. Mit sich in Liebe sein, hebt die Dualität auf.

sen um sie herum auf. In tiefer Liebe sein braucht keinen grimmigen Gegenpart.

Was ich damit auch meine ist, dass Sie dadurch so richtig bereit sind, sich auf einen Partner einzulassen, weil Sie den Mut hatten, sich davor auf sich einzulassen. Ich sage nicht, dass Sie jetzt wie im Drogenrausch von einer Blume zur anderen hüpfen und alles ist easy cheesy – bestimmt nicht. Doch verwenden Sie weniger Energie aufs Ärgern, dafür ist Ihnen die Zeit zu schade!

Kurz, ja, Situation erkannt, grrrr einmal ärgern bitte und dann raus aus der Geschichte, indem Sie entweder die Situation ändern oder Ihre Haltung gegenüber der Situation. Schwupp und weiter geht's. Die Freude und die Leichtigkeit kehren zurück und Sie spüren wieder die Verbindung mit dem Großen und Ganzen und mit dem Kleinen und Feinen.

Das Universum finden wir in einem Wassertropfen, in einem Sandkorn und auch in uns. Alles ist eben mit allem verbunden. Das ist meine tiefe Überzeugung.

Dieses Buch beinhaltet meine eigenen Beobachtungen mit mir und die Interaktionen mit meinem Umfeld. Über die Reise zu meinem Herzen und der Liebe zu mir selbst und damit zu allem was ist. Bis jetzt habe ich eine Ahnung davon, was es noch alles zu entdecken gibt. Doch wie heißt es so schön, ‚Der Weg ist das Ziel.'

Mir liegt es fern, Sie überzeugen zu wollen, Sie mit an Bord meines Bootes zu holen.

Falls es Ihnen hilft, in Ihrem Boot loszusegeln oder mit der Motorjacht loszudüsen, Ihre eigene Reise genießend, wie wunderbar!

Einer meiner Ausbildner pflegte immer zu sagen: ‚Das ist mein ganz persönlicher Zugang! Nicht mehr und nicht weniger'. Die Worte freuen sich, geschrieben zu sein!

Sie sind aus mir herausgeflossen, doch erhebe ich keinen Anspruch darauf, dass meine Worte für Sie richtig sein müssen. Ich erhebe auch keinen Anspruch auf Vollständigkeit. Es ist einfach meine Meinung aus meinem derzeitigen Erfahren, Wahrnehmen und Üben.

Remember that you are water.

Cry. Cleanse. Flow.

Remember that you are fire.

Burn. Tame. Ignite.

Remember that you are earth.

Ground. Build. Give.

Remember that you are air.

Be still. Focus. Decide

Erinnere Dich, dass Du Wasser bist.

Weine. Reinige. Fließe.

Erinnere Dich, dass Du Feuer bist.

Brenne. Glose. Entzünde.

Erinnere Dich, dass Du Erde bist.

Erde. Baue. Gebe.

Erinnere Dich, dass Du Luft bist.

Sei still. Fokussiere. Entscheide.

Die Herkunft dieses Spruches ist mir unbekannt.

Es beglückt mich mannigfaltig, dass Sie sich dieses Buch zu Gemüte geführt haben. Auf dass es Ihnen viel Freude bereite, noch weitere unbeschwerte Stunden bringen möge und das eine oder andere vielleicht zum Nachdenken anrege.

Und falls Sie sich danach oder währenddessen austauschen wollen, kontaktieren Sie mich einfach:

www.zentrum-wunderbar.at/blog

k.lakics@zentrum-wunderbar.at

Mit viel Liebe,

Ihre Karin Lakics

Bücher und Menschen, die mich zu diesem Buch inspiriert haben

Bruce Lipton

Vorträge und Interviews

Vera F. Birkenbihl

Vorträge und Bücher

Edith Mohrenschildt

Vorträge und Bücher

Drunvalo Melchizedek

Aus dem Herzen leben, Verständigung ohne Worte, Schöpfung jenseits der Polarität

André Heller

Das Buch vom Süden

Theo Fischer

Wu Wie, Die Lebenskunst des Tao

Ronald D. Laing

Phänomene der Erfahrung

Tom Hodgkinson

Anleitung zum Müßiggang

Antoine de Saint-Exupéry

Der kleine Prinz

Zeitfracht Medien GmbH
Ferdinand-Jühlke-Straße 7
99095 Erfurt, Deutschland
produktsicherheit@kolibri360.de